Hochbeete

RENATE HUDAK UND HARALD HARAZIM

Inhalt

44 Mit Hochbeeten gestalten

Extras

Hochbeet-Praxis

Hochbeete lassen sich bequem bearbeiten und bieten durch das in ihrem Inneren verrottende Pflanzenmaterial ein Mikroklima, das bei Gemüse einen doppelt bis dreifach so hohen Ertrag garantiert wie ein normales Beet. Außerdem haben sich Hochbeete heute zu ästhetischen Gestaltungselementen im Garten gemausert.

Eine alte Idee wird wiederentdeckt

Die Idee, Kulturpflanzen wie Gemüse und Kartoffeln nicht ebenerdig, sondern auf erhöhten Beeten anzubauen, ist nicht neu. Vorläufer des Hochbeets waren sehr wahrscheinlich verschiedene Formen von Hügelbeeten. Solche Beete werden zum Beispiel schon seit mehreren Jahrtausenden in Südchina oder seit Jahrhunderten in verschiedenen tropischen Bergwaldregionen angelegt, um dort Gemüse zu ziehen. Der Grund dafür liegt auf der Hand: Da in den Tropen die fruchtbare oberste Bodenschicht oft nur sehr dünn ist, entstehen durch das beetweise Aufhäufen von Erde bessere Kulturbedingungen.

In Europa machte man sich im Mittelalter ein ganz ähnliches Prinzip zunutze. So legte man beispielsweise in der Po-Ebene und in der Lombardei hügelartige Beete aus dem fruchtbaren Schlamm an, den die Flüsse mit sich führten und ablagerten.

Vom Hügel- zum Hochbeet

Vor allem in mittelalterlichen Klostergärten wurde diese Art des Anbaus weiterentwickelt. Da nicht auf der ganzen Gartenfläche guter Boden vorhanden war, häufte man fruchtbare Erde beetweise auf. Damit das kostbare Substrat beim Gießen oder durch heftigen Regen nicht weggeschwemmt wurde, kam man schließlich auf die Idee, ein »Hügelbeet im Kasten« anzulegen, indem man die Erde mit einem festen Rahmen umgab. Allerdings erhoben sich diese frühen Hochbeete oft nur 10–20 cm über das Bodenniveau. Sie wurden mit Brettern oder mit niedrigen Zäunen aus Weidenflechtwerk eingefasst. Was als Verbesserung für Nutzpflanzenkulturen begann, wurde schließlich mehr und mehr zum Gartenkunstwerk. So zeigten zum Beispiel aufwendige, italienische Renaissancegärten, dass sich Hochbeete exzellent zur Gartengestaltung eignen.

Die Vorteile von Hochbeeten

Die vielen Vorzüge, die moderne Hochbeete in sich vereinen, lassen immer mehr Menschen zu begeisterten Hochbeet-Fans werden.

Hochbeete bieten Wärme

Hochbeete bieten den Pflanzen aus zweierlei Gründen höhere Temperaturen, die sich vor allem beim Anbau von Salat und Gemüse günstig auswirken.

> Höher gelegte Beete sind regelrechte Wärmeinseln. Da kalte Luft schwerer ist als warme, bleibt sie auf flachen Beeten oft lange Zeit dicht über dem Erdboden liegen. Dies verzögert die Keimung von Aussaaten und behindert das Wachstum der Jungpflanzen. Auf einem Hochbeet hingegen können sich die Pflanzen ungestört von der bodennahen Kälte gut entwickeln.

> Vor allem aber entsteht in einem Hochbeet durch den sogenannten Komposteffekt zusätzliche Wärme. Das Innenleben des Beets besteht aus mehreren Lagen unterschiedlichen organischen Materials wie Ästen, Zweigen, Grassoden oder Kompost (→ Seite 14/15). Durch die lagenweise Aufschichtung und

Hier wächst alles üppig: Neben Blumen finden nährstoffliebende Gemüse wie Kürbis und Zucchini ideale Bedingungen und laufen auf dem Hochbeet zu Topform auf.

anschließende Zersetzung entsteht Verrottungswärme. Diese zusätzliche Wärme kommt den Pflanzen direkt zugute. Denn die Temperatur in einem Hochbeet kann 1–4 °C höher als in Bodenbeeten in vergleichbarer Lage sein. Die Pflanzen keimen und wachsen besser und gleichmäßiger, bringen höhere Erträge und sind deutlich früher erntereif. Zwei bis drei Ernten im Jahr sind nicht ungewöhnlich. Besonders für ausgesprochen wärmeliebende Zierpflanzen, Gemüse und mediterrane Kräuter ist ein Hochbeet daher ein idealer Standort.

Das Hochbeet als Nährstoffproduzent

Neben dem Wärmeeffekt sorgt die Zersetzung der organischen Substanzen außerdem für ein besonders hohes Nährstoffangebot. Davon profitieren vor allem in den ersten zwei bis drei Jahren Gemüsekulturen wie Tomaten oder Zucchini, die ausgesprochen nährstoffhungrig sind. Ein praktischer Nebeneffekt: Durch die Anlage und die regelmäßige Neubefüllung des Hochbeets wird im Garten anfallendes organisches Material sinnvoll entsorgt.

Schutz vor Schnecken

Ungebetene Gartengäste wie Schnecken lassen sich auf einem Hochbeet weit besser im Zaum halten als auf bodenebenen Beeten. Zum einen haben die gefräßigen Tiere Mühe, die Pflanzen zu erreichen.

Zum anderen entdecken Sie einen Befall meist früher, weil die Pflanzen nahezu auf Augenhöhe wachsen, und können rechtzeitig entsprechende Schutz- und Vorbeugemaßnahmen ergreifen. Schaffen es einige Schnecken doch, das Beet in luftiger Höhe zu erklimmen, sollten Sie die Tiere regelmäßig mithilfe eines Köders – zum Beispiel halbierten Kartoffeln – oder mit Bierfallen fangen. Alternativ können Sie einen Schneckenzaun direkt am Hochbeet anbringen (→ Seite 20).

Nicht bücken – gut für den Rücken!

Für jeden, der nach längerer Gartenarbeit schon einmal von Rückenschmerzen geplagt wurde, ist ein Hochbeet eine wunderbare Entdeckung. Säen, pflanzen, pflegen und ernten – alles geht leicht und rückenschonend von der Hand. Das wissen nicht nur ältere Menschen zu schätzen. Inzwischen finden sich bearbeitungsfreundliche und ansprechend gestaltete Hochbeete sowohl in Kindergärten, Wohn- und Bürogärten als auch in Senioreneinrichtungen, in Blinden- und Behindertengärten sowie in öffentlich zugänglichen Gartenanlagen.

Bequemlichkeit geht vor – Säen, Pflanzen, Pflegen und Ernten lassen sich in praktischer Höhe erledigen.

Für jeden Garten das passende Hochbeet

Hochbeete lassen sich sehr vielfältig nutzen und gestalten – die Palette reicht von der rustikalen »Bio-Kiste« für die Anzucht von verschiedenen Gemüsen über elegante Stein-Hochbeete mit Zierpflanzen als Raumteiler im Garten bis zum pfiffigen Tisch-Hochbeet mit Kräutern auf der Terrasse. Bevor Sie ein Hochbeet anlegen, sollten Sie zunächst überlegen, welcher Beet-Typ Ihre Ansprüche am besten erfüllt. Das Material wählen Sie dann je nach Geldbeutel und Ihren persönlichen Vorlieben aus. Achten Sie dabei aber auch darauf, dass das Hochbeet zum Stil von Haus und Garten passt.

❭ Soll das Hochbeet eher ein Bestandteil des Nutzgartens sein und in erster Linie einen praktischen und rückenfreundlichen Anbau von Gemüse und Salat ermöglichen? Dann bietet sich eine rechteckige, preisgünstige Variante aus Brettern oder aus Rundholz an. Mit ein wenig handwerklichem Geschick und etwas Zeit können Sie diese Art von Hochbeeten leicht selber bauen (→ Seite 12/13).

❭ Noch schneller und einfacher zu errichten sind Hochbeete aus vorgefertigten Kunststoffelementen. Der Handel bietet auch Bausätze für Komposter aus Holzlatten, die sich leicht zum Hochbeet umfunktionieren lassen (→ Seite 20/21, Abb. 2).

❭ Holz ist nicht gleich Holz. Wenn Sie etwas mehr investieren können, sollten Sie für das Hochbeet teureres, aber dafür deutlich länger haltbares Holz wählen (→ Seite 10/11).

❭ Soll Ihre Hochbeet-Konstruktion noch dauerhafter sein? Dann sind Hochbeete aus Stein die erste Wahl. Sie sind allerdings aufwendiger zu bauen und kostenintensiver als Modelle aus Holz (→ Seite 16/17).

❭ Wenn das Hochbeet nicht dem Gemüseanbau, sondern der Umgestaltung und Verschönerung Ihres Gartens dient, sollten Sie das Material besonders sorgfältig wählen. Neben Stein-Hochbeeten bieten sich in diesem Fall auch Hochbeete aus Metall, aus Weidenflechtwerk oder beispielsweise aus Gabionen an (→ Seite 20/21).

Der Prototyp: In einem rechteckigen Hochbeet aus schlichten, aber schön gehobelten Brettern machen Salate, Sellerie & Co. Lust auf Vitamine.

Der richtige Platz für das Hochbeet

Egal, in welche Ecke Ihres Gartens Sie ein Hochbeet platzieren möchten, es muss auf jeden Fall auf unversiegeltem Boden stehen, d. h. nicht auf einer gepflasterten oder betonierten Fläche. Nur so können zum einen Bodenlebewesen in das Substrat des Hochbeets einwandern und ihre wichtige Arbeit bei den Zersetzungsprozessen leisten, zum anderen können Regen- und Gießwasser ungehindert ablaufen. Eine Ausnahme sind mobile Hochbeete, die eher geschlossenen Pflanzgefäßen gleichen (→ Seite 22/23).

Obwohl Hochbeete sich für Hanglagen ebenso eignen wie für flache Standorte, müssen für sie jeweils ebene Grundflächen vorhanden sein oder geschaffen werden.

Die richtige Lage Für Hochbeete, die aus gestalterischen Gründen angelegt werden, wählen Sie den Standort nach den Gegebenheiten Ihres Grundstücks, d. h., Sie platzieren sie dort, wo sie am besten aussehen und ihre Funktion als Blickfang oder Raumteiler erfüllen (→ ab Seite 54/55). Ob Sie Ihr Hochbeet an einem sonnigen, halbschattigen oder schattigen Platz errichten, hängt von der gewünschten Bepflanzung ab. Gemüsehochbeete positionieren Sie so im Garten, dass sie das Sonnenlicht möglichst optimal ausnutzen. Dafür hat sich eine Nord-Süd-Ausrichtung der Längsachse der Hochbeete als günstig erwiesen. Für besonders wärmeliebende Gemüse- oder Obstkulturen eignen sich auch Hochbeete, die direkt an eine südexponierte Wand oder Mauer gebaut werden. Hochbeete mit Zierpflanzen können Sie dagegen sowohl in sonnigen als auch in halbschattigen oder schattigen Lagen platzieren. Wählen Sie aber in jedem Fall solche Pflanzen aus, die sich für den jeweiligen Standort optimal eignen.

Hochbeet-Varianten auf einen Blick

GEMÜSE-HOCHBEETE Solche Beete brauchen einen sonnigen, warmen, windgeschützen Platz. Entweder errichtet man sie im Gemüsegarten oder platziert sie nah an Haus oder Terrasse – dann sind die Erntewege kurz. Wichtig: Bei mehreren Hochbeeten ausreichend Platz für Wege zur regelmäßigen Pflege lassen. Und bedenken Sie: Gemüse-Hochbeete erfordern alle paar Jahre etwas Aufwand bei der Erneuerung des Beet-Substrats.

HOCHBEETE FÜR ZIERPFLANZEN Solche Hochbeete lassen sich an fast allen Plätzen verwirklichen – zur Gliederung und Aufwertung des Gartens. Ein Pluspunkt: Das Beet-Substrat muss nur in seltenen Fällen erneuert werden.

RECHTECKIGE HOCHBEETE Sie sind die platzsparendste und am einfachsten anzulegende Variante und lassen sich auch in kleinen Gärten gut integrieren. Noch ein Vorteil: Sie sind geeignet für Frühbeet-Aufsätze, Folientunnel u. Ä.

RUND, VIELECKIG ODER GESCHWUNGEN Solche Hochbeete sind erstklassige Gestaltungselemente. Sie brauchen aber mehr Platz und sind aufwendiger im Bau als rechteckige Formen.

Die Klassiker: Hochbeete aus Holz

Holz ist das am häufigsten verwendete Baumaterial für Hochbeete. Es ist in Baumärkten, im Holzfachhandel oder in Forstbetrieben leicht zu beschaffen und hinsichtlich Transport und Verarbeitung einfacher zu handhaben als etwa Stein.

Welche Holzart eignet sich?

Je nach Holzart lassen sich preisgünstige, aber auch hochwertige, teurere Hochbeete verwirklichen.

Preiswertes Weichholz Sogenanntes Weichholz, dazu gehören zum Beispiel Fichte, Kiefer, Douglasie oder Pappel, ist in der Anschaffung ausgesprochen preisgünstig, es ist jedoch meistens nur einige Jahre haltbar, insbesondere, wenn es mit feuchter Erde in Berührung kommt. So hält sich zum Beispiel unbehandeltes Fichtenholz ca. drei bis vier Jahre.

Stabiles Hartholz Am widerstandsfähigsten gegenüber Feuchtigkeit und Verrottung ist Hartholz. Dazu zählen z. B. Lärche, Robinie, Schwarzkiefer oder Eiche. Die längere Haltbarkeit des Holzes hat allerdings ihren Preis, da diese Holzarten in der Anschaffung eindeutig teurer sind. Für den Bau von Zierpflanzen-Hochbeeten können Sie auch lasiertes oder imprägniertes Holz verwenden. Für Gemüse- oder Kräuter-Hochbeete sollten Sie solches Holz allerdings nicht einsetzen, da die Chemikalien, mit denen es behandelt wurde, ins Erdreich und damit in Gemüse und Früchte übergehen können.

Stangen, Rundholz, Palisaden

Hochbeete lassen sich nicht nur aus Brettern oder den etwas dickeren Dielen errichten. Im ländlichen Bereich sind oft ungeschälte Fichtenstangen einfach und preisgünstig zu bekommen, die gut zu einem rustikalen Garten passen. Sie bieten sich für den Bau eher niedriger Hochbeete an. Soll ein höheres und dauerhaftes Beet aus ihnen gebaut werden, ist eine stabile Fixierung der Stangen wichtig. Wer etwas handwerklich-technisches Geschick besitzt, setzt die Holzstangen nach »Blockhausbauweise« auf. Das bedeutet in erster Linie, dass die Stangen an den Stellen, an denn sie an den Ecken übereinanderzuliegen kommen, entsprechend ausgekehlt werden, sodass stabile Verbindungen entstehen. Ähnlich können Sie Palisaden oder bearbeitetes Rundholz aus Kiefer, Fichte oder Lärche für den Bau eines Hochbeets verwenden. Doch Vorsicht: Palisaden sind oft kesseldruckimprägniert und chemisch behandelt. Sie dürfen nur für den Bau von Zierpflanzen-Hochbeeten zum Einsatz kommen.

Konstruktiver Holzschutz

Nicht nur Holzart und -stärke sind ausschlaggebend für die Lebensdauer eines Hochbeets. Vielmehr lässt sich durch technische Maßnahmen – den so-

> ### Palisaden – hoch und quer
>
> Halten Sie sich beim Hochbeet-Bau nicht zu strikt an Vorlagen, sondern wandeln Sie die Grundmodelle einmal ab. Ein Beispiel: Imprägnierte Palisaden, die es in bestimmten Normlängen im Baufachhandel gibt, können Sie statt waagerecht auch aufrecht stehend als Hochbeet-Wände verwenden. Graben Sie sie mindestens 20–30 cm tief im Boden ein, damit sie stabil stehen.

genannten konstruktiven Holzschutz – ebenfalls einiges in puncto Haltbarkeit erreichen.

› So kann etwa das Auskleiden der Hochbeet-Innenwände mit einer stabilen Noppenfolie, wie sie im Haus- und Kellerbau verwendet wird, die Haltbarkeit des Holzes verlängern. Bringen Sie die Folie so an, dass die Noppenseite am Holz zu liegen kommt, dann bleibt das Holz »hinterlüftet«, kann abtrocknen und fault weniger schnell. Die Noppenfolie soll sich an den Seitenwänden großzügig überlappen und kann mit Dachpappennägeln oder mithilfe eines Tackers befestigt werden. Nach unten bleibt das Ganze natürlich offen.

› Eine Reihe flacher Steine nur unter den Eckpfosten oder unter der kompletten untersten Lage Bretter verhindert den direkten Kontakt des Holzes mit der stets feuchten Erde und verlängert die Lebensdauer des Beets.

HOLZSTANGEN Für ein Hochbeet aus ungeschälten Fichtenstangen wählen Sie möglichst gleichmäßige und einheitlich starke Stangen, damit keine zu großen Spalten in den Hochbeet-Wänden entstehen. Versenken Sie die seitlichen Haltepfosten ausreichend tief im Boden, denn auf ihnen lastet ein enormer Druck, und verbinden Sie sie auf der Innenseite zusätzlich mit einem Spanndraht.

BRETTER UND DIELEN Wenn Sie zum ersten Mal ein Hochbeet anlegen, sind Fichtenbretter oder -dielen bestens geeignet, um relativ schnell und preiswert ein »Testbeet« zu errichten und um mit wenig Aufwand Varianten in unterschiedlichen Höhen und Breiten auszuprobieren. Auch in kleinen Gärten, wo massiveres Material zu wuchtig wirkt, leisten Bretter-Hochbeete gute Dienste.

RUNDHOLZ Ein rustikaler Eindruck entsteht bei einem relativ niedrigen Hochbeet aus dicken »Rundlingen«. Solche Abschnitte eines starken, zersägten Baumstamms fallen oftmals an, wenn ein Baum gefällt wird oder entfernt werden muss. Aufrecht stehend und mindestens 20–30 cm tief eingegraben, geben sie eine stabile Hochbeeteinfassung ab, die gleichzeitig als integrierte, natürliche Sitzgelegenheit genutzt werden kann.

Bauanleitung für ein Holz-Hochbeet

Ein Holz-Hochbeet aus Fichtenbrettern und den passenden Eckpfosten ist mit seiner relativ stabilen Bauweise der Urtyp eines Hochbeets und kann als Grundmodell für viele Hochbeet-Varianten dienen. Beim Bau gehen Sie folgendermaßen vor:

› Stellen Sie sicher, dass der gewählte Standort im Garten möglichst eben ist und dass ein Hochbeet in der gewünschten Größe dort wirklich Platz hat. Bedenken Sie, dass Sie für den Bau mehr Raum benötigen, als das fertige Beet einnehmen wird. Ist der Bau am Standort schwierig, sorgen Sie andernorts für einen ausreichend großen »Bauplatz«.

› Als Material für ein 80 cm hohes Beet benötigen Sie vier Eckpfosten in einer Stärke von 8 × 8 cm oder 10 × 10 cm und mit ca. 70–75 cm Höhe.

› Acht 4–5 cm starke und 20 cm breite Fichtenbretter bilden die Längsseiten, acht 20 cm breite Bretter die Schmalseiten. Die Längen wählen Sie entsprechend den gewünschten Beetmaßen.

› Für einen Abschluss auf den obersten Brettern, einen sogenannten »Handlauf«, kommen noch zwei Längs- und zwei Seitenbretter hinzu, die 6–8 cm breit und 2–4 cm stark sein sollten.

Unser Tipp Lassen Sie sich das Holz am besten beim Kauf im Baumarkt oder beim Holzhändler auf die gewünschten Maße und Längen zuschneiden.

Brett für Brett entsteht ein Hochbeet

Am besten bauen Sie das Hochbeet zunächst außerhalb des vorgesehenen Platzes »trocken«, d. h. unbefüllt zusammen. Dann stellen Sie es zur Probe an den vorgesehenen Standort. So können Sie überprüfen, ob der Platz reicht und sich das Hochbeet optisch wie von Ihnen gewünscht in den Garten integriert. Jetzt sind Änderungen noch vergleichsweise einfach vorzunehmen – ist das Hochbeet erst einmal befüllt, fällt dies ungleich schwerer. Ein weiterer Vorteil: Die nötigen Bohrungen und Anpassungen lassen sich meist leichter an einem geräumigen Ort vornehmen als an dem vielleicht nur schwer zugänglichen späteren Standort.

Gelingt leicht: In diesem einfachen, aber dennoch stabilen Holz-Hochbeet gedeihen Gemüse und Blumen gleichermaßen gut.

1 Markieren Sie alle notwendigen Bohrungen und bohren Sie die Löcher vor. Schrauben Sie die Bretter Lage für Lage an die Eckpfosten.

2 Für eine stabile Verschraubung von Pfosten und Brettern nimmt man Schlossschrauben und fixiert sie von innen mit Muttern und Unterlegscheiben.

3 Längs- und Seitenbretter müssen an den Ecken versetzt übereinanderliegen. Nun schraubt man die Schlüsselschrauben durch Brett und Pfosten.

4 Als oberer Abschluss und zur zusätzlichen Stabilisierung wird ein Handlauf mit selbstdichtenden Spezialschrauben angebracht.

› Beginnen Sie mit dem Zusammenbau des ersten bzw. untersten Holzrahmens (→ Abb. 1). Schrauben Sie die Längs- und Seitenbretter von außen an den vier Eckpfosten fest.

› Nun folgen die nächsten Lagen Holzbretter. Durch Schlosschrauben mit Muttern werden sie stabil mit den Eckpfosten verbunden (→ Abb. 2).

› Achten Sie beim Zusammenbau darauf, dass an den Ecken die Längs- und Seitenbretter jeweils versetzt übereinanderliegen. Das macht die Konstruktion stabil, ebenso wie die von außen angebrachten Schlüsselschrauben (→ Abb. 3).

› Zum Schluss bringen Sie noch den Handlauf an. Er stabilisiert das Hochbeet zusätzlich und bildet einen praktischen Abschluss (→ Abb. 4).

Passt alles, nummerieren Sie die Bretter in der Reihenfolge des Aufbaus auf den Innenseiten, nehmen alles bis auf den ersten Rahmen wieder auseinander und bringen die Einzelteile zur Endmontage an den vorgesehenen Standort.

Das Hochbeet fertigstellen

Bei dem endgültigen Zusammenbau des Hochbeets sind noch folgende Schritte notwendig:

› Heben Sie zunächst auf der Grundfläche des Beets eine ca. 30 cm tiefe Grube aus. Die anfallende Erde oder Rasensoden lagern Sie bis zur späteren Verwendung an der Seite.

› Nun bauen Sie das Hochbeet auf. Steht der Rahmen, legen Sie den Boden mit engmaschigem Drahtgitter (Hasendraht) aus. Er verhindert, dass Wühlmäuse von unten in das Beet eindringen. Ziehen Sie den Draht an den Seiten 10–20 cm hoch, damit keine »Schlupflöcher« bleiben.

› Soll das Holz-Hochbeet innen zum Schutz vor Feuchtigkeit mit Folie bespannt werden, ist dies der nächste Schritt (→ Seite 10/11). Verwenden Sie für Gemüse-Hochbeete Folie ohne Weichmacher, damit Sie später Ihre Ernte mit Genuss verzehren können. Jetzt können Sie mit dem Befüllen des Hochbeets beginnen (→ Seite 14/15).

Schicht für Schicht: das Herz des Hochbeets

Das Herzstück des Hochbeets sind die einzelnen Schichten aus verschiedenen Materialien. Diese Schichten unterscheiden sich grundlegend – je nachdem, ob Sie Gemüse und Salate anbauen möchten, die eine gute Nährstoffversorgung brauchen, oder ob im Hochbeet Stauden oder Gehölze wachsen sollen, die mit weniger zufrieden sind.

Schichtaufbau für Gemüse-Hochbeete

Bei der Befüllung eines Hochbeets für Gemüse gehen Sie, von unten beginnend, folgendermaßen vor – gleich, ob das Hochbeet aus Holz, Stein oder einem anderen Material besteht.

› Füllen Sie zunächst die unterste, etwa 30 cm hohe Schicht ein. Sie besteht aus grob zerkleinertem Material wie Ästen (bis etwa Armdicke), Zweigen, Reisig oder Baumstubben, die man mit grobem und feinerem Holz- und Gartenhäckselgut vermischt. Diese Schicht wirkt wie eine Dränage, da die vorhandenen Hohlräume für einen ungehinderten Wasserabfluss sorgen. Zu groß sollten die Hohlräume allerdings nicht sein, sonst läuft das Wasser zu schnell ab. Verdichten Sie die Schicht deshalb ein wenig. Die Hohlräume sorgen außerdem dafür, dass die Bodenlebewesen genug Luft für ihre Zersetzungstätigkeit bekommen. Denn die Bestandteile dieser Schicht verrotten im Lauf der Zeit zu Kompost, wobei Wärme und reichlich Nährstoffe freigesetzt werden. Durch diesen Prozess sinkt das Beet allerdings nach und nach zusammen, sodass nach etwa sechs bis zehn Jahren entweder die Befüllung erneuert oder ein Erde-Kompost-Gemisch oben aufgefüllt werden muss.

› Auf diese Dränageschicht folgt eine Lage der anfangs ausgehobenen Grassoden (→ Seite 12/13) oder Muttererde in einer Stärke von etwa 30 cm.

› Anschließend geben Sie eine etwa 20 cm dicke Schicht einer Mischung aus grob zersetztem Kompost, Stroh und Laub darüber.

› Zum Schluss füllen Sie eine etwa 30 cm hohe Lage eines Gemischs aus Muttererde und Feinkompost im Verhältnis 1:1 auf. Diese Schicht ist das Substrat, in das die Pflanzen eingesetzt werden. Nach dem Befüllen gießen Sie das Beet mehrmals gut an. Damit das Material im Inneren vor der Bepflanzung ausreichend Zeit hat, sich zu setzen, legt man Hochbeete am besten im Herbst oder zeitigen Frühjahr an. Setzt sich das Material bis zum Bepflanzen stark, kann nochmals Pflanzsubstrat aufgefüllt werden.

Hochbeete für Zierpflanzen

Wollen Sie Ihre Hochbeete nicht mit Gemüse, sondern mit Kräutern, dauerhaften Blütenstauden, kleinen Gehölzen oder auch mit Obstgehölzen

---

So geht **das Einfüllen** leichter

Errichten Sie die Umrandung des Hochbeets zunächst nur bis zu einer Höhe von 30–40 cm. Füllen Sie dann die unterste Schicht ein. Dies geht leichter von der Hand, als wenn Sie das Füllmaterial über eine Hochbeetwand mit einer Höhe von 80 cm oder mehr heben müssen. Im Anschluss erhöhen Sie die Umrandung auf das gewünschte Endmaß und füllen das Beet weiter auf.

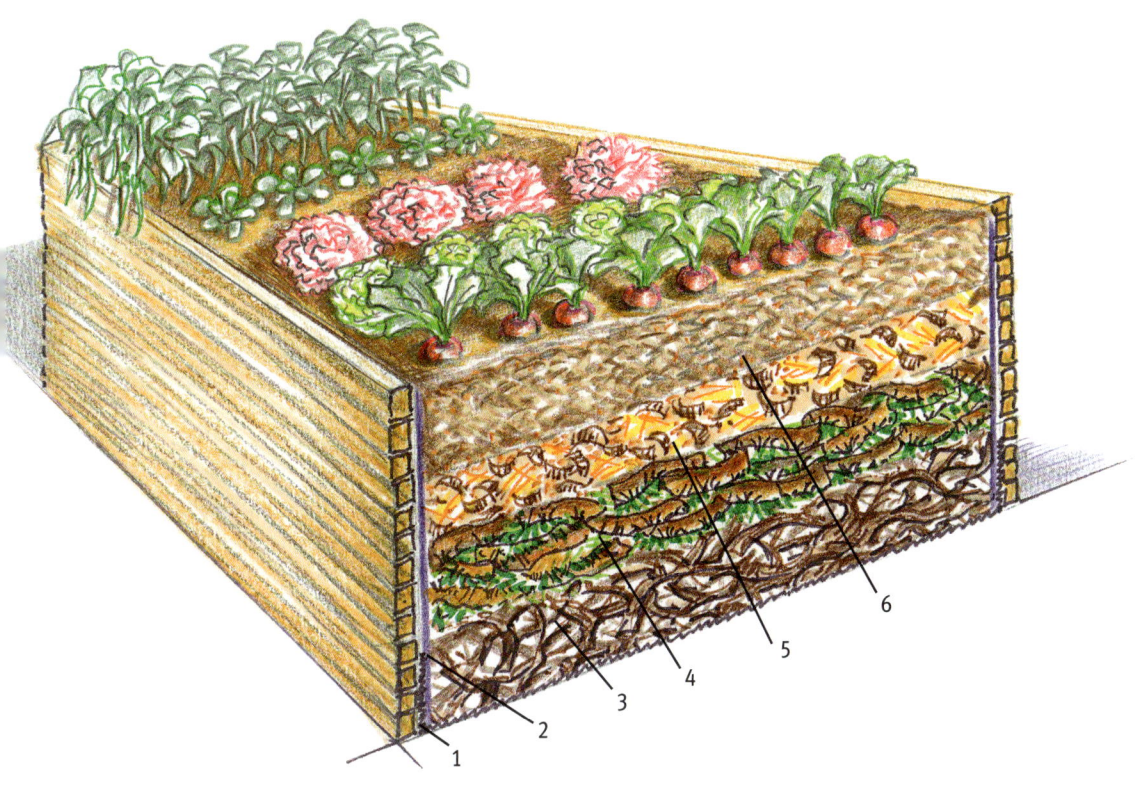

Die Schichten eines Gemüse-Hochbeets: 1. Hasendraht; 2. Folie; 3. Grob zerkleinertes Material (Äste, Reisig, Gartenhäckselgut u. a.); 4. Anfangs ausgehobene und umgedrehte Grassoden oder Muttererde; 5. Mischung aus grob zersetztem Kompost, Stroh und Laub; 6. Gemisch aus Mutterboden und Feinkompost

bepflanzen, verzichten Sie auf die Schichtung aus verschiedenen organischen Materialien. Schließlich brauchen diese Pflanzen deutlich weniger Nährstoffe als ihre Kollegen aus dem Gemüsebeet.

› Als unterste Schicht füllen Sie eine Mischung aus grobem Schotter, Kies und Steinen ein. Diese Schotterschicht hat in erster Linie eine Dränagefunktion und bleibt – weil kein Verrottungsprozess stattfindet – im Gegensatz zu einer Schicht aus organischem Material dauerhaft stabil. Sie sackt also nicht im Lauf der Zeit zusammen. Deshalb

müssen Hochbeete mit ausdauernder Bepflanzung auch nach einigen Jahren nicht neu befüllt werden.

› Anschließend legen Sie ein Gärtnervlies über die Schotterschicht. Es verhindert, dass die später eingefüllte Erde mit dem Gieß- und Regenwasser nach unten weggeschwemmt wird und die Dränageschicht verstopft.

› Auf diese Schicht geben Sie die zu Anfang ausgehobenen Grassoden oder die Muttererde und füllen das Beet mit dem Substrat auf, das für die dort geplanten Pflanzen am besten geeignet ist.

Stein-Hochbeete: die verschiedenen Bauweisen

Der große Vorzug von Stein-Hochbeeten gegenüber solchen aus Holz ist ihre nahezu unbegrenzte Lebensdauer. Während Holz durch den Kontakt mit feuchter Erde irgendwann verrottet, können Sie an einem Stein-Hochbeet – je nachdem, wie stabil es gebaut wurde – jahrzehntelang Freude haben. In jedem Fall sind jedoch die Materialkosten und der Arbeitsaufwand für Stein-Hochbeete gegenüber einem einfachen Holz-Hochbeet erheblich höher. Prinzipiell lassen sich Stein-Hochbeete genauso bepflanzen wie solche aus Holz. Zwar erwärmt sich ein Stein-Hochbeet im Vergleich mit einem dünnwandigen Holz-Hochbeet langsamer, es hält und speichert die Wärme jedoch länger und trägt so zu einem verbesserten Pflanzenwachstum bei. Da sich die Schichten allerdings auch bei Stein-Hochbeeten im Lauf einiger Jahre zersetzen und zusammensacken, sind sie eher für eine Dauerbepflanzung, z. B. mit mehrjährigen Zierpflanzen oder kleinen

Obstgehölzen geeignet. Grundsätzlich ist es jedoch natürlich auch bei Stein-Hochbeeten möglich, nach einigen Jahren das zersetzte Material im Inneren zu entfernen und das Beet neu zu befüllen.

Geschichtet oder fest gemörtelt?

Beim Bau von Stein-Hochbeeten lassen sich zwei grundlegende Varianten unterscheiden: der Bau im Stil einer Trockenmauer, bei der die Steine ohne Mörtel oder Beton übereinandergeschichtet bzw. aufgesetzt werden, oder Hochbeetwände aus mit Mörtel verbundenen und dadurch dauerhaft fixierten Steinen. Eine Trockenmauer erfordert bei gleicher Höhe mehr Platz, da die Hochbeet-Wände breiter sein müssen, um genauso stabil zu sein wie die einer gemörtelten Mauer.

Trockenmauer-Hochbeete Hochbeete aus Trockenmauern passen gut in ein naturnah gestaltetes Ambiente. Ein solches Hochbeet können Sie mit oder ohne Fundament errichten; auf jeden Fall muss der Untergrund aber eben und ausreichend fest sein, damit die Steine nicht kippen oder einsinken. Als Material eignen sich alle Arten von Naturstein, die gar nicht bzw. mehr oder weniger bearbeitet sind. Je weniger behauen die Steine sind, desto schwieriger ist es jedoch, eine halbwegs geschlossene Front zu formen, die eine ebene Oberkante bildet. Wer wenig Übung hat, muss die Steine oft viele Male probeweise in die Hochbeet-Wände einpassen. Und je gröber die Steinprofile

Schön und auch für Ungeübte machbar: eine Trockenmauer aus gleichmäßigen Steinen mit geraden Flächen

Ein gelungenes Ensemble: ein aus Ziegelsteinen gemörteltes Hochbeet und ein Wegbelag aus demselben Material

Wer handwerklich geschickt ist und Erfahrung hat, kann ein solches Trockenmauer-Hochbeet aus verschieden dicken, rechteckigen Natursteinen bauen.

sind, desto größer sind auch die Fugen zwischen den Steinen. Allerdings sind solche Zwischenräume ökologisch sinnvoll, da sie vielen Tieren Unterschlupf bieten.

› Am einfachsten gelingt der Bau eines Trockenmauer-Hochbeets mit rechteckigen Steinen mit möglichst geraden Flächen. Die größten und regelmäßigsten Steine verwenden Sie für die unterste Lage.

› Dann baut man, Reihe für Reihe, immer weiter auf, bis die endgültige Beethöhe erreicht ist. Achten Sie dabei darauf, dass die Folgereihe immer versetzt zur vorhergehenden Reihe zu liegen kommt, sodass die Fugen sich immer über einem Stein und nicht über einer anderen Fuge befinden. Die Steine sollten möglichst stabil und so aufeinanderliegen, dass sie weder wackeln noch kippen.

› Um Unebenheiten auszugleichen, können kleine Steinstücke in die verbleibenden Lücken geklemmt werden, bis garantiert nichts mehr wackelt. Es gehört etwas Übung und ein gutes Augenmaß dazu, auf diese Art und Weise gerade Hochbeet-

Wände aufzubauen. Im Zweifelsfall dürfen die Seiten auch eine leichte Neigung nach innen aufweisen, keinesfalls jedoch nach außen.

Hochbeete aus gemörtelten Mauern Gemörtelte Mauern können aus regelmäßig bearbeiteten oder geschnittenen Natursteinen, aus Ziegeln, Klinker oder sogar Betonformsteinen gebaut werden. In jedem Fall muss jedoch ein Fundament unter die Hochbeet-Wände gelegt werden, damit das Hochbeet ausreichend stabil und lange haltbar ist. Das Fundament kann aus einer 40–50 cm dicken Schicht Schotter oder Kies mit Korngröße 0–32 mm bestehen, die mit einer Rüttelplatte verdichtet wird. Alternativ baut man sogenannte Streifen- oder Punktfundamente aus Beton. Auf dem Fundament werden dann die Hochbeet-Wände gemauert. Der obere Abschluss sollte besonders sorgfältig ausgeführt werden, damit keine undichten Fugen entstehen, in die im Winter Wasser eindringt. Gefriert dieses, wird die Mauer zerstört. Mit frostsicherem Putz und sorgsamem Arbeiten beugen Sie dem vor.

Die Qual der Wahl: Sandstein, Schiefer & Co.

Soll Ihr Stein-Hochbeet hell oder dunkel sein, rau und natürlich oder elegant und glatt? Alles kein Problem. Schließlich bietet der Markt sowohl ein äußerst umfangreiches Sortiment an Natursteinen an, aber auch Materialien wie Beton in Form von vorgefertigten Ringen oder Formsteinen sowie Ziegelsteine oder Klinker. Dem Bau Ihres ganz individuellen Stein-Hochbeets steht also nichts im Weg.

Welcher Stein soll es sein?

Für welche Art von Stein Sie sich entscheiden, hängt von verschiedenen Kriterien ab. Bei Natursteinen wie Granit, Porphyr, Travertin, Kalk- oder Sandstein und anderen sieht jeder Einzelstein etwas anders aus, auch wenn Sie gleichmäßig bearbeitetes Material wählen. Dadurch erhält die fertige Mauer bzw. Hochbeetwand immer eine abwechslungsreiche, lebendige und zugleich natürliche Struktur. Allerdings hat diese Schönheit ihren Preis. Wesentlich günstiger in der Anschaffung sind hingegen Betonformsteine, die oft etwas künstlich wirken, mittlerweile jedoch auch in ansprechender Natur-Optik erhältlich sind. Da sie von gleichmäßiger Größe und Form sind, geht der Bau mit solchen Steinen leicht und schnell von der Hand. Das gilt ebenfalls für Ziegel oder Klinker. Einfache Mauerziegel aus Lehm sind allerdings meist nicht sehr stabil und wetterfest. Beständiger und härter sind die bei höheren Temperaturen gebrannten Tonziegel. Noch widerstandsfähiger und frosthärter sind Klinker. Das sind Ziegel, die unter so hohen Temperaturen gebrannt wurden, dass die Poren des Brennguts geschlossen werden und die fertigen Klinker fast kein Wasser mehr aufnehmen.

Steine in allen Farben

Ein weiteres Auswahlkriterium kann eine bestimmte farbliche Vorliebe sein. Wem gelbe Farbtöne zusagen, für den kommen zum Beispiel gelbe Sand- oder Kalksteine oder Travertin infrage. Rötliche Farbtöne bieten Porphyr oder rote Sandsteine. Wer graue Farben bevorzugt, kann unter den verschiedenen Farbabstufungen von Granit, Gneis, Quarzit, Grauwacke, Basalt, Schiefer oder Muschelkalk wählen.

Harte und weiche Steine

Die verschiedenen Gesteine unterscheiden sich neben der Färbung vor allem durch ihre Bearbeitbarkeit. Es gibt sogenannte Weichgesteine, wie etwa Sandstein, der entsprechend einfach zu bearbeiten ist, aber auch schneller verwittert. Wesentlich schwieriger zu bearbeiten sind Hartgesteine, wie Granit oder Gneis, die der Verwitterung aber auch deutlich länger standhalten. Erkundigen Sie sich beim Kauf auf jeden Fall danach, ob der gewählte Stein auch frostbeständig ist, sonst können vor allem nach dem Winter unschöne Abplatzungen und Risse im Mauerwerk auftreten.

Bearbeiteter Stein

Schließlich gibt es Naturstein nicht nur in Form von vermauerbaren Steinen, sondern auch als Steinpalisaden oder Stelen, mit denen sich extravagante und individuelle Hochbeete errichten lassen. Das gilt auch für verschiedene handwerklich oder maschinell bearbeitete Steine, deren Oberfläche ganz unterschiedliche grobe oder feine Strukturen aufweisen können.

ELEGANTER SCHIEFER

Besonders edel sieht dieses Hochbeet aus scharrierten, d. h. handwerklich bearbeiteten und mit einer Oberflächenstruktur versehenen Schieferplatten aus. Dabei handelt es sich um eine relativ kostengünstige Version dieses nicht gerade billigen Natursteins: Nicht die massiven Beetwände sind aus dem schönen Material, sondern es wurde nur die Frontseite eines einfachen Metall-Hochbeets mit den Schieferplatten verblendet.

KÜHLER MARMOR Hier wurde auf einfallsreiche Weise Material und Bepflanzung kombiniert und ein besonders bemerkenswertes Pflanzen-Kunstwerk geschaffen: In einem sonnenexponierten, geschützten Innenhof sind dauerhafte Hochbeete aus edlem Marmor errichtet und mit Wärme, Hitze und Trockenheit liebenden Kakteen bepflanzt. Der kühle Stein und die hitzigen Kaktusgewächse sind eine gelungene Verbindung eingegangen.

SCHLICHT UND MODERN Eine einfache und dennoch ansprechende Variante sind diese Hochbeete aus weiß gestrichenen Betonringen. Diese erhalten Sie in verschiedenen Größen als sogenannte »Kanalschachtringe« im Baustoffhandel.

Hochbeete aus Metall, Weidengeflecht und Gabionen

Ohne Zweifel sind Holz und Stein die am häufigsten verwendeten Baumaterialien für Hochbeete. Allerdings gibt es noch zahlreiche weitere Baustoffe, die den praktischen Beeten gut zu Gesicht stehen. Wählen Sie aus, was Ihnen persönlich gut gefällt. Beachten Sie dabei allerdings, dass der Garten als Gesamtensemble nicht von einem wilden Materialmix beherrscht wird, sondern eine harmonische Zusammenstellung entsteht.

1 Aus Metall

Ob feuerverzinkt und glänzend oder in moderner »Rostoptik« in Form von Cortenstahl – Metall ist ein attraktiver und sehr lange haltbarer Werkstoff, der sich auch gut für runde oder geschwungene Beetformen eignet. Oft sind Metall-Hochbeete mit schon integrierter »Schneckenzaun-Kante« erhältlich, damit Sie Ihre Ernte auch wirklich für sich allein haben.

2 Aus Fertig-Lattenkompostern

Eine preisgünstige und leicht zu installierende Hochbeet-Variante sind im Gartenfachhandel erhältliche Bausätze für Lattenkomposter. Kleiden Sie sie innen mit einer stabilen Folie, z. B. Noppenfolie, aus, damit die Füllung nicht durch die Lücken fällt – fertig ist das Hochbeet. Oft sind solche Bausätze aus Holz, es gibt jedoch auch Modelle aus Kunststoff. Ihr Vorteil: Sie sind leicht und preisgünstig.

3 Aus Gabionen

Gabionen sind Drahtgitterkörbe, die ursprünglich zur Befestigung steiler Böschungen sowie im Wasser- und Landschaftsbau eingesetzt wurden. Mittlerweile haben sich die Gitterboxen zu einem gefragten Bestandteil in der Gartengestaltung entwickelt. Mit ihnen lassen sich sowohl einzelne Hochbeete als auch ganze Hochbeet-Terrassenlandschaften errichten. Sie werden meist mit Kies oder Steinen gefüllt, aber auch andere Materialien wie Holzstücke sind möglich. Mit Gabionen können Sie sowohl eckige und runde Beete als auch solche in geschwungener Form bauen.

4 Aus Weidenflechtwerk

Weidenflechtwerk, das häufig schon in historischen Klostergartenanlagen zur Einfassung der ersten Hochbeete diente, wird auch heute noch gern für diesen Zweck verwendet. Meist sind fertige Weidenflechtwände als Einzelelemente in unterschiedlichen Maßen im Handel zu bekommen. Diese werden am besten als Verblendung vor die Wände eines einfachen Holz-Hochbeets geschraubt oder können als Einfassung für kleine und niedrige Beetkonstruktionen dienen. Wer handwerkliches Geschick mitbringt, kann die Hochbeeteinfassung natürlich auch selbst flechten und sich dabei auch an fantasievollen Hochbeet-Formen versuchen.

5 Aus alten Transportkisten

Große Transportkisten aus Holz, die an den seitlichen Kanten mit Metallbeschlägen stabilisiert sind, geben ebenfalls passable Hochbeete für rustikale Gartenszenarien ab. Soll das künftige Beet Kontakt zum Erdboden haben, muss die Bodenplatte natürlich entfernt werden. Ansonsten können Sie aus den Kisten auch mobile Hochbeete bauen, indem Sie vier Räder an die Unterseite schrauben (→ Seite 22/23).

Mobile Hochbeete

Wer keine wirkliche Gartenfläche zur Verfügung hat, sondern stattdessen nur eine Terrasse, einen Balkon oder einen gepflasterten Sitzplatz im Hof, muss dennoch nicht auf Salat, Tomaten und Blumen verzichten. Mobile Hochbeete, die wandern können und bei Bedarf an einer anderen Stelle einen Platz finden, machen es möglich. Natürlich können Sie viele Gewächse auch in Blumentöpfen und -kübeln kultivieren. Das eher geringe Erdvolumen im Topf begrenzt jedoch häufig das Wachstum, und an sonnigen Standorten trocknen Töpfe oftmals rasch aus. Im Gegensatz dazu fasst ein mobiles Hochbeet deutlich mehr Erde, sodass bei entsprechender Größe sogar kleine Obstgehölze wie etwa Beerensträucher darin wachsen. Salat und Gemüse lassen sich in einem mobilen Hochbeet sowieso von Frühjahr bis zum Herbst kultivieren.

Das »Beet in der Kiste«

Bei mobilen Hochbeeten handelt es sich im weitesten Sinne um mehr oder weniger große und ausreichend tiefe Pflanzgefäße. Anders als die üblichen Garten-Hochbeete, die nach unten immer Erdkontakt haben, sind mobile Hochbeete sozusagen »Beete in der Kiste«. Verfügen sie jedoch über eine ausreichende Höhe, können sie ebenso wie die klassischen Garten-Hochbeete äußerst bequem bearbeitet werden. Wichtig ist, für einen guten Wasserabzug zu sorgen. Versehen Sie die Pflanzgefäße deshalb mit Wasserabzugslöchern, falls das Behältnis selbst nicht wasserdurchlässig ist.

Füllen Sie als unterste Schicht 20–30 cm Dränagematerial ein. Das kann Kies oder Schotter sein, ebenso wie beim Aufbau eines Garten-Hochbeets für Zierpflanzen (→ Seite 14/15). Soll Ihr Beet auf dem Balkon stehen, bietet sich auch leichteres Material wie Blähtongranulat aus dem Hydrokulturbedarf an. Weil wenig Platz ist, verzichtet man auf die Aufschichtung aus Ästen und Zweigen wie bei einem Garten-Hochbeet. Sie können auf die Dränageschicht, nachdem ein Gärtner-Vlies darüber-

Mobile Metall- oder Holz-Hochbeete lassen sich leicht auch im Nachhinein mit Rollen versehen und können dann bequem hin und her geschoben werden.

In den Prinzessinnengärten am Berliner Moritz-platz werden in mobilen Hochbeeten große Mengen an Gemüse kultiviert.

Diese ausrangierten Weinkisten aus Holz geben kleine, mobile Hochbeete für Salate ab. Ohne direkten Bodenkontakt hält das Holz länger.

gelegt wurde, noch eine 20–30 cm dicke Lage halbreifen Kompost geben, bevor Sie den Behälter mit Gartenerde oder Pflanzsubstrat auffüllen. Als Material für die mobilen Beet-Module eignen sich Pflanzkästen oder -kisten aus Holz, Metall, Kunststoff oder Weidenflechtwerk. Erlaubt ist, was sich zum Bepflanzen eignet.

Die »Prinzessinnengärten«

Die Idee zu einem Garten mit mobilen Hochbeeten im großen Stil hatten einige findige Bewohner der Berliner Innenstadt. In Berlin-Kreuzberg, wo Bauland teuer und vorhandene Flächen gepflastert, versiegelt oder mit Schadstoffen belastet waren, pachteten sie 6000 m² Brachland von der Stadt. Da die Fläche immer nur für ein Jahr verpachtet wurde, lohnte sich die Anlage eines normalen Gartens nicht. Doch die cleveren Berliner wussten sich zu helfen und entwickelten das Konzept eines Gemüsegartens, der umziehen kann. Gebrauchte Bäckerei-Kisten aus lebensmittelechtem Kunststoff

in den Maßen 120 × 80 × 40 cm wurden zu mobilen Hochbeeten umfunktioniert und auf der Fläche aufgestellt. Benannt wurde der nomadische Garten nach der angrenzenden Prinzessinnenstraße. Im Frühjahr 2009 feierten 150 Kiezbewohner den Start in die erste mobile Hochbeet-Saison in Berlin-City. Seitdem läuft das Projekt weiter, und das biologisch produzierte Gemüse wird im zugehörigen Garten-café und -restaurant verarbeitet und verkauft.

Beet auf Rollen oder Rädern

Vor allem bei häufig beengten Platzverhältnissen auf Balkon oder Terrasse ist es ausgesprochen praktisch, mobile Beete zu haben, d. h., die Hoch-beet-Behältnisse mit Rollen oder Rädern zu versehen, damit sie leicht zur Seite geschoben werden können. Auch ein fahrbares Holz- oder Metallunter-gestell nach dem Prinzip eines Serviertisches oder -wagens leistet gute Dienste. Sie können dann entweder ein Holz-Hochbeet darauf befestigen oder Kunststoffkisten oder -körbe einfach daraufstellen.

Hochbeet-Pflege übers Jahr

Hochbeete erleichtern die übliche Pflege nicht nur durch ihre praktische Höhe, sondern erfordern auch ansonsten kaum aufwendige Maßnahmen.

Frühjahr: pflanzen und pflegen

Sobald der Boden nicht mehr gefroren ist, können Sie mit der Bepflanzung der Hochbeete beginnen.
› Regelmäßiges Jäten oder Hacken sowie Lockern des Bodens zwischen den Kulturpflanzen sind auf einem Hochbeet genauso notwendig wie auf einem Bodenbeet.

1 Das Auflockern der Erde zwischen den Gemüsepflanzen tut den meisten Kulturen gut. So bleibt die Feuchtigkeit in den unteren Bodenschichten und verdunstet nicht so schnell.

2 Strohmulch zwischen den Pflanzen verhindert, dass der Boden verschlämmt und austrocknet. Die Erdbeeren schützt er außerdem vor Verschmutzung und Fäulnis.

› Mulchen Sie offene Bodenflächen zwischen den Pflanzen, d. h., decken Sie die Erde etwa 1–3 cm hoch mit getrocknetem Grasschnitt, Stroh- oder Heuhäcksel ab. So wird einerseits Unkrautwuchs unterdrückt, andererseits eine lockere Bodenstruktur und ausreichende Bodenfeuchtigkeit erhalten. Mulchen Sie nur in dünnen Schichten und nicht mit feuchtem Material, um keine Schnecken anzulocken. Füllen Sie stattdessen lieber das Mulchmaterial regelmäßig nach.
› Das Düngen von Gemüsekulturen entfällt in den ersten Jahren auf dem Hochbeet. Wird das Beetinnenleben nach etwa sechs Jahren oder mehr erneuert, bleibt das auch weiterhin so. Wird hingegen einfach nur Gartenerde oben aufgefüllt, sobald das Beet nach einigen Jahren zusammensinkt, erfolgt eine Düngung wie auf normalen Beeten.
› Kontrollieren Sie auch Hochbeete regelmäßig auf Krankheits- oder Schädlingsbefall und ergreifen Sie gegebenenfalls Gegenmaßnahmen. Zur erfolgreichen Abwehr diverser Lästlinge ist der Einsatz von Schneckenzäunen oder -krägen, Gemüsefliegennetzen oder Kohlkrägen empfehlenswert.

Sommer: Wasser marsch!

Neben den üblichen Pflegemaßnahmen steht im Sommer bei Hochbeeten vor allem das Gießen im Vordergrund. Denn durch ihre erhöhte Lage, die höheren Temperaturen und die Dränageschicht im Inneren haben sie meist einen höheren Wasserbedarf als Flachbeete. Sorgen Sie daher vor allem bei Gemüse-Hochbeeten schon beim Bau durch eine gute Verdichtung der Dränage-Schicht dafür, dass trotz ausreichender Durchlüftung immer noch

Reichliches und regelmäßiges Gießen ist bei Hochbeeten gerade im Sommer besonders wichtig.

Wasser aus dem Erdboden nachgeliefert werden
kann bzw. Gießwasser nicht zu schnell versickert.
Auch das Auskleiden der Beetinnenseiten mit Folie
schützt vor Verdunstung (→ Seite 14/15). Bei Holz-
Hochbeeten an sehr sonnenexponierten Standorten hilft ein weißer oder heller Farbanstrich oder
eine entsprechende Verkleidung der Beetaußen-
wände, übermäßiges Austrocknen zu verhindern.
› Gießen Sie Hochbeete im Sommer reichlich und
regelmäßig – vor allem wasserbedürftige Kulturen
wie Tomaten oder Kürbis.
› Bewässerungssysteme wie auf dem Beet verlegte
Tropfschläuche oder eine automatische Bewäs-
serung sorgen vor allem während der Urlaubszeit
dafür, dass Beete und Pflanzen nicht vertrocknen.
Eine simple Variante sind mit Wasser gefüllte und
umgedreht ins Beet gesteckte Flaschen, die Sie
immer wieder auffüllen. Ein so versorgtes Hochbeet
können Sie ein bis zwei Tage sich selbst überlassen.

Herbst: anlegen und erneuern

Der Herbst ist die ideale Zeit, um Hochbeete neu
anzulegen und das Innenleben bestehender Beete,
sobald sie nach einigen Jahren abgesackt sind, zu
erneuern. Umgraben, wie es auf Bodenbeeten mit
schwerer Erde häufig üblich ist, entfällt.

Winter: vor Kälte schützen

› Wachsen auf Ihrem Hochbeet einjährige Gemüsekulturen, ist kein besonderer Winterschutz
nötig. Sobald die letzten Pflanzen abgeerntet sind,
bringen Sie eine leichte Mulchabdeckung aus halb-
reifem Kompost aus und entlassen das Beet in die
»Winterruhe« . Auch offene Bodenstellen zwischen
Obstgehölzen erhalten einen solchen Schutz.
› Dauerhafte, kälteempfindliche Pflanzen wie
Kräuter, Zierpflanzen oder Obstgehölze deckt man
komplett mit Vlies oder Reisig ab.
› Nicht absolut winterfeste Pflanzen wie Rosmarin
oder Artischocken graben Sie besser aus und über-
wintern Sie im Haus bzw. Keller.
› Wer auf Nummer sicher gehen will, kann das
Hochbeet mit Luftpolsterfolie, Styroporplatten, Jute-
gewebe oder Strohballen einpacken.
Unser Tipp Wer auch im Winter Lust am Gärtnern
hat, kann mit einem Folientunnel fast winterfeste
Kulturen wie Winterspinat vom Hochbeet ernten.

Hochbeete bepflanzen

Im Küchengarten erweisen sich Hochbeete aufgrund ihrer praktischen Arbeitshöhe als besonders vorteilhaft für nahezu alle Arten von Gemüse, Salat, Kräutern und sogar für einige Obstarten. Im Ziergarten finden Blüten- und Schattenstauden, mediterrane Kräuter oder kleine Gehölze einen repräsentativen Platz.

Auf dem Hochbeet wächst fast alles

Die ursprüngliche Idee, Pflanzen auf erhöhten Beeten zu kultivieren, stammt aus dem Nutzpflanzenanbau. Denn viele Gemüsekulturen sind sehr arbeitsintensiv, und die meisten brauchen eine ausgesprochen gute Nährstoffversorgung. Für sie ist ein Hochbeet die ideale Lösung – es erleichtert die Arbeit und bietet den Pflanzen reichlich Nahrung.

Gemüse in luftiger Höhe

Aus diesen Gründen werden viele Hochbeete nach wie vor gebaut, um vor allem Gemüse auf ihnen zu ziehen. Da in den ersten Jahren die Nährstoffproduktion durch die Zersetzung des organischen Materials im Inneren recht hoch ist, baut man in diesem Zeitraum vor allem sogenannte Starkzehrer an. In den Folgejahren geht man dann zu mittel- und schwachzehrenden Gemüsearten über (→ Seite 28–31). Die Bepflanzung eines Hochbeets mit Gemüse bedarf also einer gewissen Planung, die sich über mehrere Jahre erstreckt.

Stauden und Kräuter auf Hochbeeten

Wollen Sie hingegen auf Ihren Hochbeeten ausdauernde Stauden, duftende Kräuter oder kleine Gehölze wachsen lassen, finden auch diese Pflanzen ideale Bedingungen auf den erhöhten Beeten. Insbesondere mediterrane Pflanzen, aber auch viele andere schätzen das Plus an Wärme, das durch die Erhöhung der Pflanzflächen zustande kommt. Außerdem können Sie den verschiedenen Pflanzenarten ihre jeweils bevorzugte Bodenart bieten, indem Sie das Beet mit passender Erde füllen. Kräuter und mediterrane Duftpflanzen erhalten z. B. ein steinig-kiesiges, nährstoffarmes Substrat, Beet- und Prachtstauden dagegen ein humoses, leicht lehmiges, nährstoffreiches Gemisch.

Ideal für hungriges Gemüse

Klassische Hochbeete, deren Innenleben aus der üblichen Aufschichtung verschiedenen organischen Materials besteht, produzieren vor allem in den ersten Jahren nach ihrer Fertigstellung eine große Menge an Nährstoffen (→ Seite 14/15). Insbesondere der Stickstoffvorrat ist höher als in ungedüngter Gartenerde – es ist der Nährstoff, den alle Pflanzen brauchen, um zu wachsen und zu gedeihen.

»Nährstofffresser« zuerst

Einige Pflanzenarten sind besonders »hungrig«, d. h., sie benötigen wesentlich mehr Stickstoff als andere. Diese sogenannten Starkzehrer finden auf einem frisch angelegten Hochbeet optimale Bedingungen. Aus diesem Grund baut man in den ersten zwei Jahren vor allem starkzehrende Arten wie Weiß-, Rot-, Blumen- und Rosenkohl, Wirsing, Gurken, Kartoffeln, Tomaten sowie verschiedene Kürbisarten an.

Hungerkünstler kommen später

Es gibt aber auch genügsame Pflanzenarten, die deutlich weniger Stickstoff benötigen. Sie bezeichnen die Gärtner als Schwachzehrer. Zu ihnen zählen beispielsweise verschiedene Salate. Für solche Pflanzen ist ein zu großzügiges Stickstoffangebot im Boden sogar von Nachteil. So speichert zum Beispiel Salat den überflüssigen Stickstoff in Form von Nitrat in seinen Blättern. Werden diese vom Menschen verzehrt, können sich im Körper gesundheitsschädliche Nitrosamine bilden. Warten Sie daher mindestens drei oder vier Jahre ab, bevor Sie auf einem neu angelegten Hochbeet Kopf- und Feldsalat, Radieschen und verschiedene Kräuter kultivieren.

Gemüse für die »goldene Mitte«

Neben Stark- und Schwachzehrern gibt es jedoch auch sogenannte Mittelzehrer wie zum Beispiel Erdbeeren, Möhren und Kohlrabi. Ihr Stickstoffbedarf liegt in der Mitte zwischen den beiden anderen Kategorien. Sie wachsen am besten im dritten und vierten Jahr auf dem Hochbeet.

Eine günstige Fruchtfolge planen

Diesen aufeinanderfolgenden Anbau verschiedener Gemüsearten mit unterschiedlichen Nährstoffansprüchen auf einem Beet über einen längeren Zeitraum hinweg bezeichnen die Gärtner als Fruchtfolge. Auf einem klassischen Gemüse-Hoch-

Nach drei bis vier Jahren passen Mittelzehrer wie die Rote Bete gut auf das Hochbeet.

Gemüse-Kandidaten **für die Fruchtfolge**

STARKZEHRER	MITTELZEHRER	SCHWACHZEHRER
Auberginen ('Bonica', 'Black Beauty')	Endivien ('Diva', 'Bubikopf')	Buschbohnen ('Eisbohne')
Chinakohl ('Bilko', 'Autumn Fun')	Erdbeeren ('Rügen', 'Evita')	Erbsen ('Spring', 'Dorian')
Gurken (Einlege-, Salatgurken)	Knollenfenchel ('Rudy', 'Fino')	Feldsalat ('Holl. Breitblättriger')
Kartoffeln ('Christa', 'Linda')	Kohlrabi ('Blaro', 'Azur', 'Lanro')	Knoblauch, Schnittknoblauch
Kohl: Rot-/Weißkohl, Blumenkohl, Rosenkohl, Grünkohl, Wirsing	Mangold ('Vulkan', 'Bright Lights')	Salate (Kopfsalat, Eissalat, Römischer Salat)
Kürbis ('Hokkaido', 'Spaghetti-kürbis')	Möhren ('Milan', 'Parmex')	Kräuter (Petersilie, Schnittlauch, Basilikum, Dill, Kerbel)
Lauch ('Pancho', 'Catcher', 'Easton')	Radicchio ('Burgundy', 'Indigo')	Pflück-/Schnittsalate (Eichblatt-salat, Bataviasalat, Rukola)
Paprika ('Roter Augsburger')	Rettich ('Bierrettich', 'Eiszapfen')	Radieschen ('Raxe', 'Riesenbutter')
Sellerie ('Bergers weiße Kugel')	Rote Bete ('Rote Kugel')	Spinat ('Rico', 'Emilia', 'Napoli')
Tomaten (Busch-, Cocktailtomaten)	Schwarzwurzeln ('Duplex')	Stangenbohnen ('Mombacher Speck')
Zucchini ('Zuboda', 'Goldrush')	Zuckerhut ('Jupiter')	Zwiebeln (Lauch-, Steckzwiebeln)

beet ergibt sie sich nahezu von selbst. Für eine möglichst vorteilhafte und günstige Fruchtfolge-Kombination machen Sie am besten einen Plan. Schreiben Sie auf, welche Gemüsearten Sie in welcher Menge anbauen wollen. Fügen Sie hinter jeder Art hinzu, ob sie zu den Stark-, Schwach- oder Mittelzehrern gehört (→ Tabelle oben). Im ersten und zweiten Jahr nach der Anlage suchen Sie für die Bepflanzung des Hochbeets aus Ihrer Auflistung nur Gemüsearten aus, die zu den Starkzehrern gehören. Im dritten und vierten Jahr wählen Sie mittel- und schwachzehrende Arten; ab dem fünften Jahr kommen nur noch genügsame Schwachzehrer auf das Beet. Je nach verwendetem Befüllungsmaterial, Standort, Wetter- und Witterungsbedingungen in den folgenden Jahren kann man Hochbeete im Küchengarten sechs, manchmal acht oder sogar bis zu zehn Jahre lang nutzen.

Dauer-Hochbeet für Schwachzehrer

Ein Hochbeet, dessen Innenaufbau Sie nach den ersten Jahren nicht erneuern möchten (→ Seite 24/25), können Sie trotzdem noch einige Zeit lang verwenden, indem Sie es ganz bestimmten Kulturen vorbehalten, wie z. B. Salaten oder Küchenkräutern. Füllen Sie dazu das Beet immer wieder mit einem entsprechend mageren Substrat auf, z. B. mit einem Sand-Erde-Gemisch.

Mischkultur: Grundlage für reiche Ernte

Möchten Sie verschiedene Gemüse gemeinsam auf einem Beet kultivieren, sollten Sie nicht nur die unterschiedlichen Nährstoffbedürfnisse berücksichtigen. Auch andere Faktoren gilt es zu bedenken.

Gute und schlechte Nachbarn

Wie in der Natur gedeihen auch im Garten nicht alle Pflanzenarten gleich gut nebeneinander. Manche Gemüse wachsen gern und gut in enger Nachbarschaft und schlagen sogar noch die Schäd-linge der jeweiligen Nachbarkultur in die Flucht. Beispielsweise vertreibt kräftiger Zwiebelduft schädliche Möhrenfliegen oder Bohnenkraut die Schwarzen Bohnenläuse von den Buschbohnen. Andere Pflanzen sind sich dagegen nicht »grün«. Setzt man sie im Garten dennoch zusammen, können sie mit spärlichem Wuchs und vermindertem Ertrag reagieren. Erbsen und Zwiebeln beispielsweise können sich nicht »riechen« und kümmern vor sich hin, wenn man sie nebeneinanderpflanzt.

Mischkultur auf dem Hochbeet: 1. Jahr: Zucchini, Kürbis; 2. Jahr: Rotkohl, Tomaten, Palmkohl, Sellerie; 3. Jahr: Salat, Mangold, Möhren, Zwiebeln, Kohlrabi; 4. Jahr: Radieschen, Salat, Buschbohnen, Feldsalat

3. Jahr

2. Jahr

4. Jahr

1. Jahr

Familien-Animositäten Viele Gemüsearten reagieren auch »allergisch«, wenn Pflanzen aus derselben Familie nebeneinander oder mehrmals nacheinander auf dem gleichen Beet angebaut werden. Kohlgewächse und Doldenblütler wie Dill oder Möhren sind in dieser Hinsicht besonders empfindlich. Sehen Sie also auf den Samentütchen nach, zu welcher Familie das jeweilige Gemüse gehört, und halten Sie eine Anbaupause von drei bis vier Jahren ein, bevor Sie dieselbe oder eine verwandte Kultur auf dem gleichen Beet anbauen. Hier punkten Hochbeete allerdings mit einem weiteren Vorteil: Auf normalen Gemüsebeeten setzt man die Pflanzen über Jahre in die gleiche Erde. Beim Gemüse-Hochbeet füllt man hingegen nach den ersten Jahren das abgesackte Beet mit neuer Erde auf. So entsteht für die Pflanzen ein ähnlicher Effekt, als würden sie auf einem neuen Beet wachsen, und die negativen Auswirkungen einer zu engen Fruchtfolge bleiben aus.

Entwickelt wurde das Prinzip der Mischkultur im Biologischen Pflanzenbau. Mittlerweile weiß man recht genau, welche Arten sich fördern und welche sich hemmen, und es gibt Tabellen, die bei der optimalen Planung helfen (→ Umschlagrückseite). Dort sind auch die Familien-Unverträglichkeiten bereits berücksichtigt.

Planung ist die halbe Ernte

Um den Platz auf Ihrem Gemüse-Hochbeet optimal zu nutzen und eine reiche Ernte zu garantieren, gehen Sie am besten ganz systematisch vor.

› Notieren Sie zunächst die Gemüsearten, die Sie auf Ihrem Hochbeet anbauen möchten, und schreiben Sie dazu, welche zu den Stark-, Mittel- und den Schwachzehrern gehören (→ Seite 29). Dann überprüfen Sie anhand der Mischkultur-Tabelle, ob sich

Typisches Hochbeet mit Gemüsen, die gut nebeneinanderwachsen: Lauch, Kohl und verschiedene Salate helfen sich gegenseitig auf die Sprünge.

auch keine ungünstigen Pflanzenkombinationen ergeben haben. Falls das doch der Fall sein sollte, tauschen Sie einzelne Arten aus.

› Günstige Mischkultur-Kombinationen ermöglichen oft auch eine optimale Ausnutzung des vorhandenen Platzes. So teilt sich zum Beispiel schmalwüchsiger Lauch das Beet sehr gut mit buschigem, eher breitwüchsigem Sellerie.

› Zusätzlich können Sie noch schnell wachsende mit langsam wachsenden Gemüsearten kombinieren. Während die flottere Kultur heranwächst, benötigt die langsamere noch wenig Standraum, und beide bedrängen sich nicht auf dem Beet. Ist dies dann nach einigen Wochen doch der Fall, ist die schnellwüchsige Gemüseart schon erntereif und räumt den Platz. Setzen Sie also beispielsweise frühe Blumenkohlsorten, die eine relativ kurze Vegetationszeit haben, neben in die Breite wachsenden Sellerie, dann gedeihen beide Kulturen prächtig.

Hochbeet für Wärmeliebhaber: Tomaten & Co.

Für Gemüse wie Artischocken Kürbis, Zucchini, Tomaten, Gurken und Auberginen sind Hochbeete mit einem schichtweisen Innenaufbau ideal. Die zusätzliche Wärme lässt die sonnenliebenden Gemüse ausgesprochen gut gedeihen.

Kürbis & Co. bleiben gern unter sich

Geben Sie daher platz-, wärme- und nährstoffbedürftigen Kürbissen und Zucchini ruhig ein eigenes Hochbeet. Während die Saat oder Pflanzung auf normalen Beeten nicht vor Mitte oder Ende Mai erfolgt, kann dies auf dem Hochbeet schon zwei bis

drei Wochen früher geschehen. Halten Sie aber trotzdem für kühleres Wetter ein Vlies bereit, mit dem Sie die Pflanzen oder die Aussaat im Notfall abdecken. Außerdem sollten Sie Folgendes beachten:

› Setzen Sie nicht zu viele Pflanzen auf ein Beet. Vor allem viele Kürbis-, aber auch einige Zucchinisorten sind außerordentlich starkwüchsig, sodass ein oder zwei Pflanzen pro Beet meist ausreichen.

› Auch wenn Hochbeete mehr Sicherheit bieten: Schützen Sie Jungpflanzen mit Schneckenkrägen.

› Sind die Pflanzen noch klein, bedecken Sie die Beetoberfläche mit einer dünnen Mulchschicht (z. B. angetrocknetem Rasenschnitt) oder setzen die Pflanzen in die Schlitze einer schwarzen Mulchfolie. So verdunstet weniger Wasser. Sobald die Pflanzen mit ihrem dichten Blattwerk das Beet bedecken, ist eine Mulchschicht meist nicht mehr nötig.

Tomaten in Höhenlage

Ähnlich wie Kürbis und Zucchini sind auch Tomaten ausgesprochene »Sonnenkinder«, die zusätzliche Wärme sehr schätzen. Auch mit ihrer Kultur können Sie auf einem Hochbeet etwa zwei bis drei Wochen früher beginnen als auf einem Bodenbeet. Wollen Sie ein ganzes Hochbeet den Tomaten vorbehalten, können Sie dieses schon bei der Anlage mit einer nährstoffliefernden und wärmenden »Mistpackung« versehen. Dazu füllen Sie im April/Mai anstelle der obersten beiden Schichten ca. 40 cm frischen

Kürbisse sind enorme Nährstofffresser. Auf einem Hochbeet wachsen sie in den ersten Jahren nach seiner Anlage bestens.

Anbinden, ausgeizen, gießen, ernten – alle Kultur- und Pflegemaßnahmen an den Tomaten gehen am Hochbeet leicht von der Hand.

Artischocken, diese imposanten »Riesendisteln«, gedeihen auf einem Hochbeet nicht nur prächtig, sondern sind gleichzeitig eine attraktive Gartenzierde.

Pferdemist ein, den Sie locker und gleichmäßig verteilen und dann vorsichtig festtreten. Darüber geben Sie etwa 10 cm Gartenerde oder Gartenerde-Kompost-Gemisch. Angießen und am besten mit einem Frühbeetaufsatz oder einer Folie abdecken und nach einigen Tagen lüften. Nach drei bis fünf Tagen können Sie mit dem Bepflanzen beginnen. Überlegen Sie vorab, ob Sie hochwachsende Stab- und Fleischtomaten anbauen möchten oder lieber kompakt wachsende Buschtomaten und kleinwüchsige Sorten. Für hohe Sorten genügt eine Beethöhe von ca. 50 cm, sonst brauchen Sie später zum Ernten Ihrer Tomaten eine Leiter! Niedrig bleibende Sorten hingegen gedeihen gut auf einem Beet in der üblichen Höhe von ca. 80 cm. Vor allem im Sommer ist es günstig, wenn Tomaten unter einer Abdeckung stehen, um einer Infektion mit dem Kraut- und Braunfäulepilz vorzubeugen. Die einfachste Möglichkeit sind sogenannte Tomatenhauben, die Sie über die einzelnen Pflanzen stülpen. Dauerhafter ist ein Dach oder eine kom-

plette Abdeckung der Kultur. Dazu installieren Sie entweder einen selbst gebauten oder vorgefertigten Gewächshausaufsatz (→ Seite 34/35), oder Sie bauen das Beet von Anfang an mit verlängerten Eckpfosten, an denen Sie eine Überdachung, z. B. aus Folie, fixieren. Oder Sie errichten Ihr Tomaten-Hochbeet vor einer wärmespeichernden Hauswand oder Mauer. Dort lässt sich meist mit wenigen Handgriffen ein einfaches Dach anbringen.

Damit die **Schnecken unten bleiben**

Bilden Kürbis und Zucchini allzu lange Ranken und Triebe, die vom Hochbeet herab auf den Boden hinunterwachsen, können Schnecken diese als »Leiter« nutzen, um sich an den Früchten gütlich zu tun. Kürzen Sie in diesem Fall die Ranken oder leiten Sie sie wieder nach oben. Unser Tipp: Von Zucchini gibt es auch rankenlose Sorten, die sich gut im Zaum halten lassen.

Doppelter Effekt: Hochbeet unter Glas und Folie

Werden Pflanzen unter Folie oder Glas angebaut, sorgt die erwärmte und mit Feuchtigkeit gesättigte Luft für rascheres und gleichmäßiges Wachstum. Dies ist vor allem für die Pflanzenvermehrung und Jungpflanzenanzucht günstig. Außerdem kann im Schutz von Frühbeet oder Folie im Frühjahr schon zeitiger und im Herbst einige Wochen länger frisches Grün geerntet werden.

Diese Effekte können Sie optimieren, indem Sie Folie oder Frühbeet mit den Vorteilen eines Hochbeets kombinieren. Sie können dann schon ab Mitte Februar, wenn es auf den Bodenbeeten im Freiland noch zu kalt ist, die ersten frischen Salate ziehen und noch im Spätherbst knackigen Feldsalat ernten. Mit dem beim Anbau auf dem Hochbeet sonst verstärkt nötigen Gießen können Sie unter Glas und Folie meist sparsam sein, da die Erde dort eine gute und dauerhafte Feuchtigkeit entwickelt. Lüften Sie jedoch unbedingt regelmäßig und häufig – dann steht einem erfolgreichen Anbau nichts mehr im Weg! Ihnen stehen verschiedene Möglichkeiten zur Verfügung, wie Sie Ihren Pflanzen auf dem Hochbeet diese optimalen Wachstumsbedingungen bieten können.

Hochbeet mit Tunnelblick

Die einfachste Variante ist ein Folientunnel. Stecken Sie dazu im Abstand von ca. 40 cm mehrere gebogene Metallstäbe so in die Erde des Hochbeets, dass sie die Schmalseite überspannen. Haben Sie ein Holz-Hochbeet, können Sie innen an den Seitenwänden auch Ösen anbringen und die Metallstäbe dort hineinstecken. Über die Stäbe ziehen Sie eine Folie und befestigen sie seitlich z. B. mit Steinen. Zum Lüften und Ernten schiebt man die Folie an den Seiten einfach hoch. Ein solcher Folientunnel ist leicht und schnell auf- und abgebaut und kann jederzeit als praktische Ergänzung auf dem Hochbeet dienen. Unser Tipp: Fertigbausätze für Hochbeete sind auch mit Tunnelstäben und integrierter Befestigungsmöglichkeit erhältlich.

Ein einfacher Frühbeetaufsatz, fertig gekauft oder selbst gebaut, lässt Salat und Gemüse im Hochbeet noch zeitiger sprießen.

Ab ins Früh-Hochbeet!

Möchten Sie den Verfrühungs- und Wärmevorteil nicht nur temporär, sondern dauerhaft nutzen, empfiehlt sich ein Frühbeetaufsatz für das Hochbeet. Diesen können Sie entweder selbst bauen, oder Sie verwenden fertige Frühbeetbausätze für Bodenbeete, die Sie einfach auf dem Hochbeet platzieren. Darüber hinaus sind auch spezielle Aufsätze für Hochbeete bzw. Hochbeete mit integriertem Frühbeet erhältlich. Soll der Aufsatz auch wieder abgenommen oder an anderer Stelle verwendet werden, ist ein Modell aus Aluminium und leichten Kunststoff-Stegdoppelplatten von Vorteil. Bleibt er dauerhaft auf dem Hochbeet oder wird sogar fest mit ihm verbunden, kann sich auch der Bau oder die Anschaffung eines Frühbeetaufsatzes aus Holz und Glas lohnen.

Hochbeet-Gewächshaus

Komplette Gewächshausaufsätze für Hochbeete sind sicherlich keine ganz billige Anschaffung – gleich, ob Sie sie selbst bauen oder fertig kaufen. Damit macht allerdings der Anbau von wärmebedürftigen Sonnenkindern wie Tomaten, Gurken, Auberginen und Chilis doppelt so viel Spaß. Denn je wärmer Luft und Boden sind, desto besser wachsen diese Kulturen. Tomaten sind außerdem vor Regengüssen geschützt, was die Ausbreitung des schädlichen Braunfäulepilzes weitgehend verhindert. Auch die Anzucht von eigenen Jungpflanzen im Frühjahr gelingt in einem Hochbeet-Gewächshaus noch einmal so gut, da die Pflanzen viel Wärme und Licht bekommen und dadurch kräftiger und gesünder werden.

Fertige oder selbst gebaute Gewächshausaufsätze können aus Folie, Kunststoff oder Glas bestehen; über die Wahl entscheiden hierbei meist der Geld-

Die Luxusausführung: Ein Hochbeet mit bereits fertig integriertem Gewächshausaufsatz ist ideal, um Salate und Gemüsejungpflanzen vorzuziehen.

beutel und persönliche Vorlieben. Auf jeden Fall braucht das Gewächshaus ausreichende Lüftungsvorrichtungen. Diese können einfach von Hand oder mittels eingebauter Belüftungsautomatik bedient werden. Insbesondere im Hochsommer und zur Urlaubszeit ist Letztere von Vorteil.

Hochbeet **im Gewächshaus**

Steht bereits ein etwas größeres Gewächshaus in Ihrem Garten? Dann können Sie darin ein Hochbeet für Ihr Gemüse errichten. Hochbeete im Gewächshaus sind eine hervorragende Möglichkeit, die dort meist etwas beengten Arbeitsbedingungen enorm zu erleichtern. Und da das Material nicht der Witterung ausgesetzt ist, können Sie das Beet auch gut aus dünneren Holzbrettern fertigen.

Duftende Kräuter-Hochbeete

Auch Kräuter wollen hoch hinaus! Vor allem jene würzigen Pflanzen, die aus dem mediterranen Raum stammen und viel Licht und Hitze lieben, profitieren von der Position auf einem Hochbeet. So bekommen sie mehr Sonne und Wärme als auf einem Bodenbeet und werden dadurch aromatischer und schmackhafter.

Mageres Innenleben

Idealerweise funktionieren Sie ein Hochbeet etwa ab dem vierten Jahr zum Kräuterbeet um. Dann sind die Nährstoffe aus dem Verrottungsmaterial im Inneren weitgehend abgebaut und somit die Verhältnisse für die Kräuter, die wenig oder gar keinen Dünger benötigen, nahezu perfekt. Lavendel, Salbei, Oregano, Ysop, Thymian, Wermut und Estragon werden prächtig auf einem solchen Hochbeet gedeihen. Rosmarin bezieht auf dem erhöhten Beet aber nur seine Sommerresidenz. Zum Überwintern graben Sie ihn besser aus, topfen ihn ein und stellen ihn an einen hellen, kühlen Platz (6–8 °C) im Haus. Pflanzen Sie höher werdende Arten wie Sal-

Dieses gelungene Hochbeet ist ausschließlich für aromatische Sonnenkräuter wie Thymian reserviert. In die seitlichen Pflanzlöcher passen weitere Exemplare.

bei, Lavendel, Wermut, Estragon in die Beetmitte und geben Sie niedrig und flach wachsenden Arten wie Thymian oder Teppichkamille einen Platz am Beetrand. Besitzen Sie ein Steinhochbeet, bei dem der aufgewärmte Stein noch zusätzliche Wärme speichert und an die Pflanzen abgibt, ist das für diese Arten ein weiterer Pluspunkt.

Der Trick mit der Kräuterschnecke

Eine Sonderform des Kräuter-Hochbeets ist die Kräuterschnecke oder Kräuterspirale. Lange Zeit ein absolutes »Muss« in nahezu jedem Hausgarten, ist das schneckenförmig aufgebaute Beet für viele Kräuter hinsichtlich seiner Standortvorteile kaum zu überbieten. Denn auch für Arten mit zum Teil recht unterschiedlichen Bodenansprüchen schaffen Sie mit einer Kräuterspirale auf vergleichsweise geringem Raum optimale Wachstumsbedingungen. Das Innenleben einer Kräuterschnecke besteht nämlich aus unterschiedlichen Füllmaterialien.
› Im Hauptteil in der Mitte der Spirale befindet sich ein Schotter-Kies-Sand-Gemisch, das für einen guten Wasserablauf sorgt und so den ausgesprochen trockenheitsliebenden Kräutern im oberen Bereich zugutekommt.
› In den absteigenden Windungen sitzen Pflanzen wie Petersilie, Schnittlauch und Ringelblume. Sie gedeihen gut in etwas weniger trockenem Boden,

weshalb man unter ihr Substrat einen Teil Kompost- oder Gartenerde mischt.
› Am unteren Ende der Kräuterspirale finden Kräuter wie Zitronenmelisse, Pfefferminze und Brunnenkresse ihren Platz. Für sie wird etwas schwererer, lehmig-humoser Boden eingefüllt, der mehr Feuchtigkeit hält. Damit die Kräuterschnecke auch wirklich ein Hingucker im Garten wird, sollten Sie die Größe der Grundfläche lieber großzügig und nicht zu klein wählen. Platzieren Sie die Kräuterspirale auch nicht mitten auf dem Rasen, sondern achten Sie darauf, dass sie sich harmonisch in vorhandene Gartenelemente und Pflanzungen einfügt. Ein geeigneter Platz findet sich oft am Übergang zwischen Gartenfläche und höher liegender Terrasse.

Auf Kräuterspiralen findet jedes Kraut seinen Platz: Oben ist es trocken und warm, unten etwas feuchter.

Süße Früchte aus dem Hochbeet

Obst wächst in erster Linie in großen Gärten und nicht im Hochbeet. Im Prinzip stimmt das – doch in kleinen Gärten, die für große Bäume keinen Platz bieten, können niedrige oder rankende Obstgehölze und Ballerina-Bäumchen auch ein Hochbeet beziehen. Ist die Höhe der Gehölze auf die Hochbeet-Höhe abgestimmt, können Sie leckere Früchte so mühelos ernten wie noch nie.

Obst im Hochbeet lohnt sich

Beerenobst oder kleinwüchsige Obstbäume in Hochbeeten zu kultivieren, macht vor allem dann

Sinn, wenn Ihnen entweder keine Fläche im Garten mit passender Erde zur Verfügung steht oder wenn Sie die Obstgehölze im Hochbeet gleichzeitig als Sichtschutz und Raumteiler nutzen wollen (→ Seite 54/55). Falls Sie Letzteres beabsichtigen, überlegen Sie vorab, wie hoch Beet und Bewuchs letztendlich sein sollen. Lassen Sie das Obst-Hochbeet aber nicht zu sehr in den Himmel wachsen: Damit Sie Ihr Obst noch bequem ernten können, empfehlen sich Beethöhen von höchstens 50–70 cm.

Da Obstgehölze mehrere Jahre auf dem Hochbeet wachsen, müssen die Schichten im Beet entsprechend angelegt werden. Anders als bei Gemüse-Hochbeeten füllt man hier zuunterst eine Dränageschicht aus Kies ein und gibt darüber ein Gärtnervlies: Darauf kommt als Substrat eine Mischung aus Muttererde und Kompost.

Geeignete Beerengehölze sind Johannisbeeren, Stachelbeeren, Maibeeren und Kulturheidelbeeren. Sollen Himbeeren auf dem Hochbeet wachsen, ist es sinnvoll, je einen Pfosten an den beiden schmalen Beetseiten anzubringen. Dazwischen zieht man einige Spanndrähte, an denen die langen Himbeerruten angebunden werden.

Hochbeet mit Obstspalier

Auch für haus- oder terrassennahe Spaliere kann ein Hochbeet eine praktische Lösung sein, wenn etwa am Mauerfuß des Hauses kein Mutterboden

Dieses Hochbeet verspricht süße Erntefreuden: Johannisbeeren, einstämmig an Spalierstäben gezogen, wurden mit Erdbeeren unterpflanzt.

bis in ausreichende Tiefe vorhanden ist. Ein Hochbeet bietet an solchen Stellen eine ausreichend starke Erdschicht, sodass dort z. B. Kiwi, Weinreben oder ein Birnenspalierbaum gedeihen können. Die nötigen Klettergerüste für die Pflanzen lassen sich gut direkt an den Hochbeetwänden befestigen.

Obsthecken auf niedrigen Hochbeeten

Niedrige Hochbeete mit Obstgehölzen eignen sich auch sehr gut als Raumteiler – vor allem, wenn Sie sie beispielsweise mit einer Reihe von Ballerina-Apfelbäumchen bepflanzen. Diese bestehen eigentlich nur aus einem Stamm. Direkt daran stehen anstelle von Seitenästen nur ganz kurze Fruchttriebe, an denen die Äpfel wachsen. Diese Baumform wurde speziell für kleine Gärten mit wenig Platz selektiert. Es gibt sie in verschiedenen Höhen, die größten werden immerhin 2,5 m hoch. Wollen Sie die Äpfel im Hochbeet ohne Leiter ernten, sollten Sie das zugehörige Hochbeet keinesfalls zu hoch bauen und niedrigere Sorten wählen. Oder Sie begrenzen das Wachstum der Bäumchen rechtzeitig durch geeignete Schnittmaßnahmen.

Erdbeeren – der Hochbeet-Klassiker

Alle bodennah wachsenden Beeren profitieren von der rückenfreundlichen Höhe des Hochbeets. Kulturheidelbeeren und Maibeeren zählen dazu, die Klassiker aber sind die Erdbeeren. Zwar kommt man auch im Hochbeet um die üblichen Pflegearbeiten nicht herum: Pflanzen, jäten, Strohmulch ausbringen, Ableger abnehmen, Blätter im Spätsommer zurückschneiden geht auf einem Beet von mindestens 80–100 cm Höhe aber sehr viel leichter von der Hand. Und um die herrlich süßen Früchte zu pflücken, muss sich niemand mehr bücken! Außerdem lieben insbesondere die Erdbeeren

Dicht am Stamm sitzen die Früchte an einem Ballerina-Apfelbäumchen. Sein großer Pluspunkt ist sein geringer Platzbedarf.

einen schon zeitig im Jahr aufgewärmten Boden. Aus diesem Grund legte man früher sogenannte Mistbeete für die kleinen Beeren an. Der bereits im Herbst eingebrachte Mist sorgte dann im Frühjahr für die nötige Bodenwärme, wenn ab März die jungen Erdbeerpflanzen gesetzt wurden. Bei einem reinen Erdbeer-Hochbeet kann man daher auf die übliche Schichtung verzichten (→ Seite 14/15) und es stattdessen als Mistbeet anlegen. Dazu wird als unterste Schicht etwa 50–60 cm angefeuchteter Pferdemist eingebracht, leicht festgetreten und mit ca. 20–30 cm Mutterboden-Feinkompost-Gemisch (1:1) abgedeckt. Ein Frühbeetaufsatz, den man im März oder April daraufsetzt und dessen Scheiben ca. 30 cm über der Beetfläche liegen, tut ein Übriges, um das Beet optimal aufzuwärmen. Dann steht einer reichen sommerlichen Ernte nichts mehr im Weg!

Ziergarten: Blätter und Blüten auf Augenhöhe

Stauden sind ausdauernde Pflanzen, die je nach Blütezeit den Garten vom Frühjahr bis Spätherbst in ein buntes Blütenmeer verwandeln. Viele von ihnen sind bestens als Hochbeet-Bewohner geeignet. Der Nährstoffbedarf der Stauden ist unterschiedlich. Man kann sie in drei große Gruppen einteilen, die ganz unterschiedliche Ansprüche an Standort und Boden stellen. Der große Vorteil eines Hochbeets ist auch hier, dass Sie auf die zuunterst liegende Dränageschicht aus grobem Kies (→ Seite 15) genau das Substrat füllen können, das den jeweiligen Staudenarten am besten zusagt. Grundsätzlich gilt: Setzen Sie bei allen Staudenpflanzungen höhere Arten in den Hintergrund bzw. in die Beetmitte und kombinieren Sie sie mit niedrig wachsenden Pflanzen im Vordergrund und an den Beeträndern. Verwenden Sie nicht zu viele verschiedene Pflanzenarten, sondern setzen Sie lieber Gruppen von je drei bis fünf Exemplaren und achten Sie darauf, dass nach Möglichkeit die ganze Saison über etwas blüht.

Themen-Hochbeete

Haben Sie mehrere Stauden-Hochbeete, können Sie Themen- oder Farbbeete anlegen. Auf einem Beet geben verschiedene Blattformen den Ton an, ein anderes ist rosa Blühern vorbehalten, auf einem weiteren machen sich buntlaubige Stauden breit. Auf wuchtige Stein-Hochbeete passen zarte Blütenschleier, schlichte Holz-Hochbeete werden von großen Blüten- und Blattformen gekrönt.

Trockenheitsliebende Sonnenanbeter

Viele Stauden für warme, sonnige Standorte benötigen lockere, magere, sandig-kiesig-steinige Erde. In einem Hochbeet mit einem solchen Substrat finden folgende Arten einen optimalen Platz: verschiedene Nelkenarten, Missouri-Nachtkerze, Sonnenröschen, Steinbrech, Fetthenne, Ähriger Ehrenpreis, Steppenkerze, Schwertlilie, Schleierkraut, Katzenminze, Wolliger Ziest, Schafgarbe, graulaubige Wermut-Arten sowie mediterrane Duftpflanzen wie Lavendel, Currykraut und Salbei.

Beet- und Prachtstauden

Andere Staudenarten, die ebenfalls Sonne brauchen, benötigen dagegen gute, humose, nährstoffreiche Gartenerde. In einem Hochbeet mit einem solchen Substrat gedeiht eine farbenprächtige Zusammenstellung von sogenannten Beet- und Prachtstauden. Beispiele sind Pfingstrosen, Orientalischer Mohn, Taglilien, Sommer-Phlox, Rittersporn, Kissenastern, Sonnenbraut, Margeriten, Sonnenhut und Lupinen.

Stauden für ein »Schattendasein«

Haben Sie für Ihr Stauden-Hochbeet nur einen Schattenplatz übrig? Das ist nicht weiter schlimm. Füllen Sie als Pflanzsubstrat humose, leicht lehmige Gartenerde ein. Dann fühlen sich verschiedene Farne, Maiglöckchen, Waldgeißbart, Japanische Anemonen, Funkien *(Hosta)* wohl. Sterndolde, Bergenien, verschiedene Glockenblumen- und Storchschnabelarten, Silberkerze, Lampionblume und Christrose ergänzen die Parade der Schattenstauden.

MAGERES SONNEN-HOCH-BEET

Ein Trocken- und Gräsergarten ist in einem originellen Hochbeet aus naturbelassenen, hochkant aufgestellten Baumstammrundlingen entstanden. Graulaubige Gräser und Stauden wie Blauschwingel, Wollziest und niedrige Wermutarten ergänzen sich hervorragend mit Blütenstauden wie Salbei, Witwenblume und niedriger Schafgarbe, die alle Trockenheit gut vertragen.

STAUDEN-HOCHBEET IM HALBSCHATTEN

Beet- und Prachtstauden wie diese rosa-violetten Lupinen werden aufs Schönste von Akelei und Purpurglöckchen begleitet. Die ausladenden und hoch wachsenden Lupinen bekommen genügend Raum im Beethintergrund und werden nach vorne hin von den rotlaubigen Blatthorsten der Purpurglöckchen umspielt. Die Pflanzenfarben harmonieren bestens mit dem gemauerten Ziegel-Hochbeet.

FASZINIERENDES SCHATTEN-HOCHBEET

Schattenliebende Pflanzen wie Farne und Funkien besiedeln diese Holz-Hochbeete aus gebrauchten Holzschwellen und zaubern eine verwunschene Stimmung.

Hochbeete mit Einjährigen und Zwiebelblumen

Besitzen Sie ehemalige Gemüse-Hochbeete, deren Innenleben mittlerweile weitgehend verrottet ist, und haben Sie momentan weder Zeit noch Lust, diese komplett zu erneuern? Oder haben Sie in diesem Jahr gerade so viel anderes zu tun, dass Ihnen für die Pflege von Gemüse-Hochbeeten die Muße fehlt? Vielleicht können Sie sich aber auch einfach noch nicht entscheiden, was weiterhin und dauerhaft auf Ihrem Hochbeet wachsen soll. Oder Sie träumen schon lange von einer bunten Blumenwiese, haben aber nicht genug Platz dafür oder möchten Ihren Rasen nicht in eine solche umwandeln.

Blumenwiese in der Höhe

Für all diese Fälle ist die Begrünung eines Hochbeets mit einjährigen Pflanzen eine geniale Lösung. Typische Wiesenblumen bzw. Ackerkräuter wie Klatschmohn, Kornblume, Kornrade, Ackerrittersporn, Kamille, Färberkamille und Margerite gedeihen nämlich auf einem Hochbeet mit nährstoffarmer, lockerer Erde meist wesentlich besser als nach der Aussaat in einer Wiesenfläche. Füllen Sie dazu die zusammengesackten Gemüse-Hochbeete einfach mit einem mageren Substrat auf. Obwohl die meisten der genannten Blumen von Wiese und Feld einjährig sind, versamen sich viele von ihnen auf offenen Bodenstellen im Beet. Manchmal gesellen sich durch Samenanflug von wild wachsenden Kräutern auch unerwartete Überraschungsgäste wie z. B. Königskerze, Nachtkerze oder Wilde Karde dazu. Sie werden begeistert sein, was im nächsten Jahr auf Ihrem Wildblumen-Hochbeet blühen wird. Und das Beste: Sie müssen die bunte Pracht weder düngen noch aufwendig pflegen.

Hochbeet statt Balkonkasten

Andere einjährige Sommerblumen brauchen dagegen etwas mehr Zuwendung. Dazu gehören diverse Arten aus dem Beet- und Balkonpflanzen-Sortiment wie Lobelien, Sommersalbei, Bartfaden, Spinnenblumen, Zinnien, Löwenmäulchen, Elfenspiegel, Mexikanische Sonnenblume, Ziertabak,

Zauberhaftes Duo: Viele Wochen entfalten Wicken und Leinkraut ihre Pracht und setzen Ton in Ton mit dem violett gestrichenen Holz-Hochbeet einen Farbakzent.

Mit dieser Sommerblumenmischung aus Kapuziner-kresse, Studentenblumen und niedrigen Sonnen-blumen ist fröhliche Sommerlaune garantiert.

Blühende **Gründüngung**

Einen wunderbaren Farbenschmaus fürs Auge bieten sogenannte Gründüngungs-Mischungen aus Ringelblumen, Lupinen, Bienenfreund, Son-nenblumen, Malven und Inkarnatklee.

Diese Pflanzen sind auch eine prima Lösung für eine Hochbeet-Nutzung »zwischendurch«. Zugleich sind sie eine begehrte Bienenweide. Das hat schon manchen Bienenfreund bewogen, die blühende Mischung immer wieder auszusäen.

Sobald die Samen einmal gekeimt sind, benöti-gen diese Dauerblüher keine weitere Pflege. Über Winter lässt man sie verrotten. Wird das Beet auch im Folgejahr nicht anderweitig genutzt, versamt sich dort meist auch ein Teil der bunten Blüher.

Kapsonnenblume und Kapuzinerkresse. Diese sollten Sie während des Sommers regelmäßig mit einer Flüssigdüngergabe verwöhnen. Dann können auch solche Arten ein Hochbeet in eine wochen-lang blühende Augenweide verwandeln.

Zwiebelblumen: bunte Frühlingsboten

Sehnen Sie sich im Frühling schon ganz besonders nach frischen Farben und leuchtenden Blüten? Dann sollten Sie Ihr Hochbeet bereits im August oder September mit Zwiebeln von Tulpen, Narzis-sen, Blausternchen, Traubenhyazinthen und weite-ren Frühjahrsblühern bestücken. Treiben diese im März erstes Grün, pflanzen sie noch Goldlack, bun-te Primeln, Vergissmeinnicht, Maßliebchen, Horn-veilchen und Stiefmütterchen dazwischen. Lassen Sie sich überraschen, wie viel frühlingsfröhliche Leuchtkraft ein solches Beet entwickelt! Ist der Frühjahrsflor vorüber, dürfen die Zwiebeln im Beet bleiben; sie erfreuen im nächsten Jahr wieder mit ihren zauberhaften Blüten. Abgeblühte Stiefmütter-chen & Co. werden entfernt und durch sommer-blühende Einjährige oder durch ausdauernde Stau-den (→ Seite 40/41) ersetzt.

Gelungene Mischung: Frühjahrsblüher und Gemüse

Sie können allerdings auch einem Hochbeet, das später Tomaten, Zucchini & Co. beherbergen soll, ein buntes Frühlingsgewand verpassen. Wo die verblühten Blumen Platz machen, zieht dann ab etwa Ende Mai das Gemüse ein. Tulpen- und Nar-zissenzwiebeln nehmen Sie in diesem Fall heraus, bewahren sie bis August/September in einer Kiste trocken auf und stecken sie dann an andere Plätze im Garten oder von Neuem in Ihr Frühlings- und Gemüse-Hochbeet.

Mit **Hochbeeten** gestalten

Hochbeete haben in den letzten Jahren als Gestaltungselemente richtig Karriere gemacht. Kein Wunder: Sie sind, geschickt angelegt, ein erstklassiger Blickfang und eine Bereicherung für den Garten, und man kann mit ihnen ausgesprochen raffinierte Gartenideen verwirklichen.

Blickfang, Raumteiler und mehr

Hochbeete bestechen im Garten mit vielerlei Aspekten: Das Herzstück ist natürlich immer eine abwechslungsreiche Bepflanzung. Dazu bieten die verschiedenen Baumaterialien, aus denen der Hochbeetrahmen erstellt ist, dem Auge Abwechslung. Und zu guter Letzt können einzelne Beete durch verschiedene Formen und Farben zu Blickpunkten werden, die sich in das Gestaltungskonzept des Gartens harmonisch einfügen.

Das Hochbeet als Mittler zwischen Garten und Küche

Nach wie vor werden die meisten Hochbeete für den Anbau von Gemüse angelegt, doch auch bei ihnen muss die Gestaltung nicht zu kurz kommen. Gekonnt platziert können sie einen Küchengarten enorm aufwerten und ihn zum Schmuckstück des ganzen Gartens machen. Das Spektrum reicht bis hin zur aufwendigen Hochbeet-Außenküche, in der Kräuter und Gemüse quasi gleich neben dem Herd oder Teller wachsen. Hinsichtlich sommerlicher Garten- und Kochfreuden bleiben hier keine Wünsche offen.

Gliedern, einteilen, auflockern

Besonders große Gärten mit ebenen Gartenflächen erfahren durch Hochbeete eine äußerst vorteilhafte Auflockerung oder auch Untergliederung in verschiedene Gartenräume. So wird ein Gang durch den Garten immer wieder aufs Neue zum spannenden Erlebnis. In Hanggärten schaffen Hochbeete ebene Pflanzplätze, wo zuvor nur schräge Flächen waren. Und in kleineren Gärten können durch Hochbeete mit integrierten Sitzelementen – beispielsweise in Terassennähe – lauschige Rückzugsorte entstehen.

Schmuckstück Hochbeet: Form, Farbe, Accessoires

Wer sagt, dass Hochbeete immer viereckig oder quadratisch sein müssen? Mit etwas Gefühl für Ästhetik und einer Portion Fantasie, handwerklichen Grundkenntnissen und dem passenden Material lassen sich Hochbeete in beinahe jeder gewünschten Form und Ausstattung gestalten.

Rund, geschwungen, achteckig ...

Ein rundes oder wabenförmiges Hochbeet ist nicht nur aufgrund seiner gekonnten Bepflanzung, sondern allein schon wegen seiner Form ein Hingucker im Garten. Geschwungene, beispielsweise nieren-

förmige Beetformen eignen sich wiederum dazu, verschiedene Gartenräume auf gelungene Weise zu verbinden. Achten Sie jedoch bei extravaganten Formen darauf, dass sich das Hochbeet harmonisch in das Gesamtbild einfügt und nicht etwa zum Störfaktor im Garten wird. Eine einfache Grundregel hilft, dies zu verhindern: Verwenden Sie für auffällige Formen eher dezente Materialien oder solche, die gut mit bereits im übrigen Garten eingesetzten Holzarten, Steinen oder Metallen harmonieren. Runde oder geschwungene Formen lassen sich relativ leicht mit Gabionen (→ Seite 20/21) verwirklichen, aber ebenso können Metall, Weidenflechtwerk, ausrangierte Dachziegel, Natursteine oder verschiedene Fertigbausätze runde Hochbeete umschließen. Eine einfache Variante sind Beton-Schachtringe, die es im Baustoffhandel in verschiedenen Größen zu kaufen gibt. Holz eignet sich dagegen eher für sechs- oder achteckige Beete. Runde Beetformen passen gut zu geschwungen verlaufenden Gartenwegen, zu rund gepflasterten Sitzplätzen oder Terrassenflächen, zu runden Gartenlauben, Wasserbecken oder Teichen. Auch eine Gruppe runder Beete in unterschiedlichen Höhen macht sich gut. Andererseits kann ein rundes Hochbeet in einem Garten, in dem alle anderen Beete rechteckig sind und die Wege gerade verlaufen, zum Highlight werden, wenn es z. B. im Zentrum von symmetrisch angeordneten, rechteckigen Beeten platziert ist.

Verankern Sie Rankelemente fest am Grund der Beete oder fixieren Sie sie an den Seitenwänden.

Hochbeete aus gegossenem Beton oder fertigen Betonplatten eignen sich besonders gut für einen fröhlich-bunten Anstrich.

Berücksichtigen Sie bei der Planung, dass runde, geschwungene Beete oder andere Sonderformen mehr Platz als rechteckige Hochbeete brauchen.

Ton in Ton oder mit Kontrast

Um farbige Elemente so in den Garten zu integrieren, dass sie nicht wie Fremdkörper wirken, ist ein kreatives Händchen gefragt. Mit dem nötigen Geschick können Sie auch mithilfe Ihrer Hochbeete Farbe ins Spiel bringen.

Naturmaterialien wie Weidenflechtwerk, edle Hölzer oder Natursteine bestechen durch dezente Farben und fügen sich ganz von selbst in elegante Gestaltungen ein. Hochbeete aus Brettern lassen sich ohne viel Aufwand in Szene setzen, indem man sie mit einem farbigen Anstrich aufwertet. Auch Hochbeete aus Betonmauern oder Betonringen können Sie mit Farbe oder Mosaiksteinen kreativ gestalten. Haben Sie bereits farbige Terrassengeländer, Pergolen, Fenster, Fensterläden oder Türen am Haus, streichen Sie Ihre Beete im selben oder einem etwas helleren Farbton. Die Beeteinfassung kann aber auch die Farbe der Bepflanzung aufnehmen – z. B. Rot für ein Beet mit Tomaten und rotlaubigem Mangold. Wer Kontraste liebt, wählt die passenden Komplementärfaben, z. B. Fliederfarben für ein Beet mit orange-gelber Kapuzinerkresse und Sonnenblumen.

Wichtig Verwenden Sie für Ihr buntes Werk immer umweltverträgliche und wetterbeständige Anstriche.

Hochbeete mit dem gewissen Extra

Wer sich bei der Gartengestaltung von der Liebe zum Detail leiten lässt, hat sicherlich Freude daran, Hochbeete mit passenden Accessoires auszustatten. Das können zum Beispiel integrierte Rankgitter aus Holz oder Metall sein, die auf der Beetfläche oder an den Beetseiten fest angebracht werden. Für Weinreben, Kletterrosen oder ausdauernde Schlingpflanzen sind diese Beete dann ein ideales Zuhause. So können Hochbeete als grüne Sichtschutzelemente fungieren. Und wen die Gestaltungslust gepackt hat, der verwandelt den Weg zwischen zwei Reihen mit Hochbeeten mit Rankbögen in einen romantischen Laubengang.

Attraktiv und nützlich: der Hochbeet-Gemüsegarten

Ein Gemüsegarten muss nicht nur nützlich, sondern darf auch schön sein. Dafür ist nicht einmal viel Aufwand nötig: Allein durch eine geschickte Anordnung mehrerer Gemüse-Hochbeete lässt sich ein Gartenkleinod schaffen. Man mag es kaum glauben, aber die gestalterischen Möglichkeiten sind auch im Nutz- und Küchengarten zahlreich.

Hochbeete harmonisch gruppieren

Im Gemüsegarten bietet es sich fast immer an, gleich mehrere praktische Hochbeete anzulegen –

vor allem dann, wenn Sie sich und Ihre Familie rund um die Saison mit so viel selbst gezogenem Gemüse wie nur möglich versorgen wollen.

Damit diese Hochbeete jedoch nicht wie wahllos im Garten aufgestellte Kisten wirken, empfiehlt sich eine gezielte und durchdachte Gruppierung.

> Grundsätzlich gilt: Je weniger Platz Ihnen zur Verfügung steht, umso mehr bietet sich eine formale und rechtwinklige Gestaltung an. So können nach dem bewährten Vorbild traditioneller Bauern- oder Klostergärten ganze Hochbeet-Küchengärten ent-

Traditionell und trotzdem modern: Vier quadratische Hochbeete, in der Weise alter Bauerngärten angeordnet, ergeben einen geschmackvollen Küchengarten.

stehen. Ein Wegekreuz unterteilt dabei die Gartenfläche in rechteckige Einzelsegmente. In diesen befinden sich – je nach Größe der Segmente – jeweils ein oder mehrere rechteckige Hochbeete. Dank dieser streng formalen Anordnung wirken selbst wenige Hochbeete als ein miteinander verbundenes und einheitlich gestaltetes Ganzes.

› Besonders attraktiv kommen zwei oder drei Hochbeete zur Geltung, wenn Sie sie in L- oder U-Form zueinander positionieren und dabei eine Seite gleich als Abgrenzung einer Terrasse oder eines Sitzplatzes fungiert. Sie werden staunen, wie sich durch diese einfache Gestaltung die Beete harmonisch in das Gesamtbild einfügen. Es entstehen attraktive Plätze, an denen man sich gerne aufhält.

› Runde Hochbeete haben hingegen einen größeren Platzbedarf, eignen sich allerdings gut als Zentrum eines Sitz- oder Grillplatzes, der zu sommerlichem Kochvergnügen und kulinarischem Genuss einlädt. Wollen Sie mehrere runde Beete anlegen, achten Sie auf eine großzügige Gruppierung, die genügend Raum für ausreichend breite Wege zwischen den Beeten lässt.

› Haben Sie etwas mehr Platz für Ihre Gemüse-Hochbeete, können Sie auch ungewöhnliche oder ausgefallene Beetformen wählen. Lassen Sie z. B. ein geschwungenes Beet dem Verlauf eines ebenfalls geschwungenen Gartenwegs folgen oder nutzen Sie eine vorhandene Terrassenböschung für ein Küchen-Hochbeet, das die Terrasse umrahmt.

Terrassenkultur mit Hochbeeten

Besonders raffiniert ist die Staffelung verschieden hoher Gemüse-Hochbeete oder die Kombination von Hochbeeten mit unterschiedlich hohem Bewuchs. Beete mit Tomaten, Stangenbohnen oder Beerensträuchern halten sich im Hintergrund und werden vor Mauern, Wänden oder Zäunen positioniert. Eine Etage tiefer stehen niedrigere Hochbeete oder solche mit niedrigen Gemüsen wie Kohl, Lauch oder Zucchini. Auch hier gilt: Genug Platz für die Wege zwischen den Beeten nicht vergessen!

Zwei parallel angeordnete Hochbeete sind hier durch ein schmales »Tischbeet« verbunden; eine zweckdienliche und pfiffige Idee.

Hochbeete für die Gartenküche

In den letzten Jahren hat sich neben vielen anderen Gartentrends auch ein verstärkter Drang zum »Kochen im Garten« etabliert. Angeregt von südländischer Lebensart, wird im Garten nicht nur ab und zu an einem warmen Sommerabend gegrillt. Vielmehr wird unter freiem Himmel auch gekocht, gegessen und gelebt. Der Garten wurde quasi als erweiterter Wohn- und Lebensraum entdeckt.

Kochen im Grünen ist »in«

Zu diesem durchaus begrüßenswerten Trend passt eine Gestaltung mit Hochbeeten geradezu optimal. Grill und outdoorgeeignete Koch- und Arbeitsplatten lassen sich meist leicht an der Terrasse aufstellen oder installieren. Da liegt es nahe, Gemüse- und Kräuterbeete gleich in unmittelbarer

In dieser Außenküche würde man am liebsten den ganzen Sommer verbringen! Die frischen Kräuter vom Tischbeet wandern direkt auf den Teller.

Umgebung anzulegen. Schließlich gibt es nichts Schöneres, als beim Kochen die nötigen Kräuter auf Armeslänge parat zu haben oder die Zutaten für den Salat griffbereit vom Beet in die Schüssel wandern zu lassen. Zugleich sorgen Gemüse-, Salat- und Kräuterbeete, die Sie beim Kochen unmittelbar vor Augen haben, immer wieder für überraschende kulinarische Inspirationen.

Beete für die »Küche im Garten«

Für nützliche Hochbeete in nächster Nähe der Gartenküche wählen Sie am besten einfache, jedoch gut verarbeitete Holz-Hochbeete oder Beete aus einem anderen, möglichst schlichten Material. Achten Sie darauf, dass zusammen mit dem sonstigen Kücheninventar ein ruhiger, optisch ansprechender Eindruck entsteht.

Eine gute Grundlage für einen Hochbeet-Garten, der im Hinblick auf eine Erweiterung zur Gartenküche angelegt wird, bilden mehrere rechteckige Hochbeete, die man in U- oder L-Form gruppiert. Mindestens ein Weg zwischen den Beeten oder eine Fläche im Zentrum sollte gepflastert werden. Dann haben Sie dort genügend Platz für einen Grill und können jederzeit einen Küchenrollwagen zwischen die Beete schieben und das frische Grün mundgerecht verarbeiten.

Das Beet im Tisch

Wer nicht gleich eine komplette Außenküche im Garten anlegen will, kann etwas kleiner anfangen. Als außergewöhnlicher, origineller Sitzplatz bildet ein kombiniertes »Tisch-Hochbeet« im Sommer den Mittelpunkt kulinarischer Gartenfreuden. Obwohl

Ernten und gleich verarbeiten: Salat und Gemüse sind hier zum Greifen nah. Wer in einer solchen Gartenküche kocht, kann einen Sommer lang aus dem Vollen schöpfen, bequem und verlockend für alle Sinne.

kein Hochbeet im klassischen Sinn, ermöglicht ein solcher Kräutertisch ebenfalls bequemes Bearbeiten und Ernten und ist gestalterisch ein attraktiver Blickfang. Natürlich kann er auch Bestandteil einer aufwendigen Gartenküche sein.

Mit etwas handwerklichem Geschick können Sie das Beet im Tisch selbst bauen und ihm Ihre ganz persönlichen Note geben – entweder eher schlicht oder chic oder vielleicht auch rustikal. Alternativ können Sie natürlich auch einen Schreiner beauftragen oder im Internet nach fertigen Modellen

stöbern. Der Clou des raffinierten Tischbeets verbirgt sich in einer Aussparung in der Mitte des Tischs. Dort befindet sich eine eingesenkte Kunststoff- oder Metallwanne, die, mit Dränagelöchern versehen, zum Kräuterbeet wird. Auch Radieschen oder Gartenkresse gedeihen darin und wandern beim nächsten gemeinsamen Essen direkt aufs belegte Brot oder in den Salat. Verwenden Sie für ein Tischbeet mit einer eher kleinen Pflanzwanne ein möglichst humoses Substrat. Dann bleiben die Pflanzen langfristig frisch und wüchsig.

Hochbeete an Hängen und an Treppen

Auf den ersten Blick gelten abschüssige Grundstücke unter Gartenbesitzern oft als unpraktisch oder unattraktiv. Der Grund ist, dass es in solchen Gärten wenig ebene Flächen für Pflanzbeete gibt. Ein weiterer Nachteil: Während sich unten am Hang das Regenwasser sammelt, trocknen die oberen Bereiche zu schnell aus.

Sie sollten sich aber nicht entmutigen lassen, wenn Sie einen Garten mit vielen schrägen Flächen Ihr Eigen nennen. Mit etwas Know-how und Fantasie können Sie die vermeintlichen Nachteile in Vorteile verwandeln. Nutzen Sie zum Beispiel die Höhenunterschiede für eine Gestaltung mit mehreren Hochbeeten auf unterschiedlichen Ebenen. Die Beete auf den einzelnen Etagen lassen sich effektvoll in verschiedenen Stilen gestalten, oder Sie nutzen die einzelnen Etagen ganz unterschiedlich – eine für Gemüse-Hochbeete, eine für Obst und eine dritte vielleicht für Hochbeete mit Zierpflanzen.

Aus Hängen Beete machen

Hochbeete, die der Abstützung oder Gestaltung von Hängen dienen, vergrößern die Gartenfläche und schaffen harmonische Übergänge – beispielsweise zwischen Terrasse und Garten.

Die Idee ist nicht neu: Schon alte Kulturen errichteten an Böschungen und Hängen Stützmauern, um Grund und Boden zu befestigen und um auf den dadurch entstandenen Terrassen Acker- und Gartenbau zu betreiben. Im 16. Jahrhundert entstanden so auch die berühmten Terrassengärten Italiens, die bis heute für viele Gartenliebhaber und Gartenarchitekten bewundernswerte Vorbilder sind.

Stabile Hochbeete stützen Hänge

Solide ausgeführte Hoch- oder Terrassenbeete verhindern auf praktische und zugleich ansprechende Weise, dass Erdreich oder anderes Bodenmaterial wegrutscht. Zugleich bilden sie ebene Pflanzflächen, die sich vielseitig nutzen lassen.

Für den Bau solcher Hang-Hochbeete können Sie Natursteine, Ziegel, Betonformsteine, Montagewandsteine, aber auch Holzstangen, -balken oder -palisaden verwenden.

> Bei sehr starker Hangneigung oder ausgesprochen unsicheren Bodenverhältnissen empfiehlt es sich, für die Frontseite der Hochbeete ein Fundament mit integrierten Armierungseisen zu betonieren. So ist sichergestellt, dass die Konstruktion auf ebenem Untergrund steht und weder kippen

Durch die verschiedenen Größen und Formate wirken die Natursteinquader trotz ihrer Größe nicht wuchtig.

Hochbeete seitlich eines Treppenaufgangs – hier in unmittelbarer Terrassennähe – schaffen Raum für effektvolle Bepflanzungen.

Hier ist neben der Treppe nur wenig Platz, dennoch wurde dieser geschickt für ein schmales Hochbeet mit einer formalen Buchsreihe genutzt.

noch absinken kann. Meist ist es sinnvoll, für diese Arbeiten einen Fachmann hinzuzuziehen.

› Grundsätzlich sollten Sie beachten, dass die Beetvorderseite immer leicht gegen den Hang geneigt ist, damit sie dem Druck des dahinterliegenden Erdreichs dauerhaft standhält.

› Ist der Boden des Hangs sehr nass und feucht, ist es ratsam, die schräge Gartenfläche zusätzlich durch eine Dränage zu stabilisieren. Dazu werden unter dem Fundament, bis weit hinter die Hochbeetfront, Dränagerohre verlegt, deren Auslassöffnungen sich an der Beetvorderseite befinden. Wenn Sie die Frontseite des Beets außerdem noch mit lockerem Material wie einem Kies-Sand-Gemisch hinterfüllen, wird anfallendes Wasser schnell abgeleitet.

› Wird die Hochbeeteinfassung aus unbehauenen Natursteinen als Trockenmauer aufgesetzt, verleihen große Steine an der Frontseite, die mindestens bis zur Hälfte in den Boden versenkt werden, dem Beet zusätzlich Stabilität.

Hochbeet als »Treppenbegleiter«

Kleine Böschungsflächen, wie sie oft seitlich von Terrassen- oder Eingangstreppen liegen, sind oft einfach mit Bodendeckern bepflanzt. Auch hier bietet ein Hochbeet die Möglichkeit für eine sehr abwechslungsreiche, optisch ansprechende Gestaltung. Staffelt man die Höhe der Bepflanzung entsprechend des Treppengefälles, entsteht ein natürlich wirkendes Gesamtbild.

Gelände **modellieren** lassen

Soll ein großes, abschüssiges Gartengelände in einen Terrassengarten verwandelt werden, stehen meist umfangreiche Erdarbeiten an. Lassen Sie diese am besten von einer Gartenbaufirma ausführen, die Erfahrung mit großflächigen Geländemodellierungen hat. Die Investition lohnt sich – so können Sie sicher sein, dass die Terrassen und Böschungen nachher auch sicher und stabil sind.

Mit Hochbeeten Räume schaffen

Egal, ob kleine oder große Gärten: Für das Auge des Betrachters wirkt gerade das spannend, was sich ihm nicht auf den ersten Blick erschließt. Sind nicht alle Teile des Gartens sofort zu sehen, macht das neugierig und weckt Interesse. Um solche voneinander abgegrenzte Gartenräume zu schaffen, eignen sich Strukturelemente wie Hecken, Rankgerüste oder eben auch Hochbeete. Sie sind eine ideale Möglichkeit, den Garten lebendig und spannungsreich zu gliedern und zu unterteilen.

Gärten mit mehreren »Zimmern«

Stellen Sie sich vor, Ihr Garten wäre ein Haus und Sie möchten verschiedene Zimmer einrichten. Jeder Raum hat seine eigene Funktion bzw. sein spezifisches Thema. Da gibt es die Kräuteroase, den Küchengarten, die mediterrane Ecke, den kühlen Aufenthaltsort für heiße Sommertage oder den lauschigen Schattenplatz. Die Abtrennung dieser »Zimmer« lässt sich mit Hochbeeten in unterschiedlichen Höhen und Formen geschickt verwirklichen.

Gerade Linien, schlichte Formen: Solche Hochbeete passen auch in kleine Gärten. Durch das einfache Holz und die klare Abgrenzung wirkt das Gärtchen nicht überladen und bringt trotzdem reiche Ernte.

Gute Begleitung: Hochbeete flankieren den Weg, der von der Terrasse in den Garten führt.

Große Gärten unterteilen

Große Gärten von ausgesprochen länglicher Form sind nicht immer einfach zu gestalten. Doch sie lassen sich mit quer zur Längsachse des Gartens platzierten Hochbeeten, die wie optische Barrieren wirken, hervorragend in einzelne Bereiche untergliedern. Sind die Beete außerdem mit höher wachsenden Pflanzen bestückt oder mit Rankelementen versehen, versperrt dies zusätzlich die Sicht auf die Gartenteile, die dahinterliegen. Das Interesse des Betrachters wird geweckt, und man lässt sich gern davon überraschen, welche Geheimnisse der Garten hinter diesen Elementen birgt.

Auch mehrere parallele Reihen von Hochbeeten hintereinander, die jedoch jeweils nach rechts und links versetzt – also gestaffelt – angeordnet werden, verleihen einem Garten räumliche Spannung und Tiefe. Ebenso können Hochbeete von den Gartengrenzen aus in den Raum hineinragen oder Zugänge zur Terrasse oder zu einem Sitzplatz seitlich flankieren. Es entstehen reizvolle Gartennischen, und die so positionierten Beete liefern teilweise auch einen Sichtschutz.

Hochbeete im »Handtuchgarten«

Gartenräume mit Hochbeeten lassen sich aber nicht nur auf großen Grundstücken schaffen, auch kleine Reihenhaus-Gärten und selbst sogenannte »Handtuchgärten« lassen sich mit diesem gestalterischen Trick optisch vergrößern und aufwerten. Das Geheimnis liegt in diesem Fall darin, von der eigentlichen Gartengröße abzulenken. Das Erfolgsrezept im kleinen Garten besteht aus einer symmetrischen Gestaltung und einer eindeutigen, klaren Linienführung.

› Zu diesem Zweck können Sie rechteckige Hochbeete in L-, U- oder auch in T-Form gruppieren. Oder Sie greifen die Symmetrie alter Barockgärten wieder auf und ordnen die Beete streng spiegelbildlich an.

› Runde und geschwungene Beetformen benötigen dagegen mehr Platz. Dennoch kann eine Gruppe einiger weniger, unterschiedlich hoher, runder Hochbeete auch auf kleinen Gartenflächen ganz bezaubernd wirken und die Funktion der räumlichen Verbindung verschiedener Gartenräume übernehmen.

Platz nehmen auf der Hochbeet-Bank

Haben Sie schon immer von einer gemütlichen Sitzecke im Garten geträumt, wo man den betörenden Duft von Blumen und Kräutern ganz aus der Nähe genießen, entspannt die Seele baumeln lassen und dem Alltag entfliehen kann? Eine Ruheoase für die Sinne, um gemütlich ein Buch zur Hand zu nehmen oder ganz bequem vom Sitzplatz aus reife Beeren oder fruchtig-süße Cocktailtomaten zu naschen?

Hochbeete für die schönsten Stunden im Garten

Mit Hochbeeten mit integrierten Sitzelementen lässt sich dieser Traum wunderbar verwirklichen. Solche Beete sind hinsichtlich ihrer Konstruktion gar nicht so schwierig zu errichten. Wichtig ist, für Beet und Sitzplatz einen Ort zu wählen, an dem Sie sich auch wirklich wohlfühlen. Schützende Elemente im Hintergrund, also zur Rückseite des Sitzplatzes hin, werden von den meisten Menschen als angenehm empfunden, da sie ein Gefühl der Abgeschiedenheit und Geborgenheit vermitteln. Solche Elemente können Mauern, Zäune, Hecken, Spaliere, ein einzelner, großer Strauch, eine bewachsene Pergola oder ein ins Hochbeet integriertes Rankgerüst mit Kletterpflanzen sein.

Der beste Platz für den Sitzplatz

Damit Ihr Hochbeet-Sitzplatz zur Wohlfühl-Oase wird und Sie sich dort gern und oft aufhalten, sollten Sie unbedingt die Ausrichtung des Sitzplatz-Beets zur Sonne beachten.

› Plätze auf der Südseite sind zwar im Sommer oft zu heiß, eignen sich andererseits aber hervorragend für eine Gestaltung mit mediterranen Pflanzen wie Lavendel, Rosmarin, Heiligenkraut und Co. Also installieren Sie am besten einen Sonnenschirm, dann können Sie die intensiven Pflanzenaromen in Ihrem Sommeridyll in vollen Zügen genießen, ohne dass die Sonnenstrahlen lästig werden.

› Ost- und Nordlagen werden im Herbst und Frühjahr oftmals als zu schattig und zu kalt empfunden. Im heißen Sommer hingegen ist man für ein kühles Plätzchen dankbar, an dem geeignete Schattenpflanzen wie Farne, Funkien und Japananemonen für das passende Flair sorgen.

› In Südwestlagen wiederum finden sich häufig günstige Plätze für alle Gelegenheiten. Sie bieten außerdem sowohl sonnenhungrigen als auch Halbschatten liebenden Pflanzen ein Zuhause.

Unser Tipp Eine Rindenmulch-, Kies- oder Pflasterfläche vor dem Sitzplatz-Hochbeet sorgt dafür, dass Sie jederzeit trockenen Fußes zu Ihrer Hochbeet-Bank gelangen.

Trocken und warm sitzt es sich besser

Nach feuchten Nächten oder Regenwetter sind Sitzelemente aus Holz oft noch lange nass. Versehen Sie daher das Holz mit mehreren Schichten Lack oder Imprägnierung, dann können Sie den Sitzplatz schnell trocken wischen. Sitzelemente aus Stein sollten sich auf jeden Fall an den sonnigen Stellen des Gartens befinden. Dort heizen sie sich an warmen Tagen angenehm auf. Für kühlere Stunden halten Sie dagegen am besten dicke Kissen und ein paar Decken bereit.

SONNIGE DUFT-BANK Hier übernimmt die Frontseite des Hochbeets die Funktion der Rückenlehne einer gemütlichen Holzbank. Der Lavendel sorgt für duftige Mußestunden. Von holzverkleideten Wänden an zwei Seiten geschützt, wird der Hochbeet-Sitzplatz zur lauschigen Ecke, in der der Lavendel sein würziges Aroma besonders intensiv entfalten kann. In ein solches Beet passen auch gut andere mediterrane Duftpflanzen wie Rosmarin, Salbei oder Blauraute.

RAST IM GARTEN EDEN Wer es sich auf diesem Hochbeet-Sofa bequem macht, hat appetitliche Aussichten: Salat, Gemüse und Kräuter wachsen ihm fast in den Mund. Bewachsene Rankgerüste bieten Schutz vor neugierigen Blicken, und so lässt sich hier manch angenehme Stunde in beschaulicher Atmosphäre verbringen. Die Seitenwände der Beete und die Unterkonstruktion der Bank bestehen aus Weidenflechtwerk; als Sitzfläche dienen eine Holzplatte und ein dickes Polster.

RUHIGES REFUGIUM Die kleine Hochbeet-Sitzlandschaft lädt zu ruhigem Verweilen ein. Schmale Hochbeete aus stabilen Holzdielen nehmen immergrünen Buchs und graulaubigen Lavendel auf. Bambus und Kletterpflanzen sorgen für den grünen Hintergrund.

Ableger

Teil einer Pflanze, z. B. bodennaher Trieb oder abgetrennter Seitentrieb, der zur vegetativen Vermehrung genutzt wird. Entweder bewurzeln sich die Triebe, sobald sie auf der Erde aufliegen, von selbst, oder sie werden abgeschnitten und in ein Vermehrungssubstrat gesetzt, wo sie neue Wurzeln bilden.

Anbaupause

Es gibt Pflanzenarten, die auf Wurzelausscheidungen u. Ä. ihrer eigenen Art oder Arten derselben Familie mit Wachstumshemmungen reagieren. Sie brauchen eine meist mehrjährige Anbaupause, bis sie – oder Arten derselben Familie – wieder auf der gleichen Fläche angebaut werden dürfen.

Art

Grundeinheit der Pflanzensystematik. In einer Art werden alle Individuen zusammengefasst, die sich untereinander in allen wesentlichen, erblich konstanten Merkmalen gleichen.

Dränage

Methoden, Maßnahmen und Hilfsmittel zur Entwässerung von z. B. landwirtschaftlichen oder gartenbaulichen Flächen oder auch von Pflanzenbehältnissen.

Düngung

Einbringung von Nährstoffen in den Boden, um den Nährstoffentzug durch die Ernte auszugleichen, die Bodenfruchtbarkeit zu erhalten oder zu erhöhen bzw. die Erträge zu steigern. Man unterscheidet organische Düngung (z. B. Stallmist, Kompost, Gründüngung) und anorganische Düngung (Kalk, »Kunstdünger«).

Frühbeet

Flache, mit Glas oder Kunststoff auf einem (Holz-)Rahmen bedeckte Kulturfläche, unter der sich Luft und Erde stärker erwärmen als im Freiland. Wird für die Jungpflanzenanzucht und zur Ernteverfrühung genutzt.

Fundament

Ebene, verfestigte Fläche aus abgerütteltem Kies oder gegossenem Beton, die der Untergrund-Stabilisierung eines Bauwerks dient. Kann punktuell (Punktfundament) oder flächig oder streifenweise (Streifenfundament) ausgeführt sein.

Gärtner-Vlies

Gewebematerial, das zur Ernteverfrühung und zum Frostschutz gärtnerischer Kulturen direkt über diese gebreitet wird. Es ist in verschiedenen Stärken erhältlich und licht- und feuchtigkeitsdurchlässig.

Gehölze

Pflanzen mit verholzten Stämmen und Trieben (Bäume und Sträucher).

Gründüngung

Pflanzen, die zur Bodenverbesserung ausgesät und später untergepflügt oder eingearbeitet werden. Sie verhindern Bodenaustrocknung, unterdrücken Unkräuter, verbessern die Bodenstruktur und liefern Nährstoffe.

Hügelbeet

Hochbeet ohne Einfassung und daher zu den Seiten hin schräg abfallend.

Holz-Imprägnierung

Schutzschicht oder Versiegelung auf meist chemischer Basis von v. a. im Außenbereich verwendetem Holz, um Pilz- und Insektenbefall und Fäulnis zu verhindern.

Humose Erde

Erde mit einem hohen Anteil an toter organischer Substanz, z. B. abgestorbenen Pflanzenteilen. Ist aufgrund guter Wasser- und Nährstoffspeicherung für viele Pflanzen ideal.

Kompost

Humusartige Erde, die bei der Verrottung und vollständigen Zersetzung organischer Abfälle entsteht. Kompost wird als Mulch und Dünger verwendet. Je nach Zersetzungsgrad unterscheidet man Grob- oder Feinkompost.

Komposteffekt

Durch die Zersetzung von aufgeschichtetem, totem organischen Material, z. B. im Inneren eines Komposthaufens, entsteht zum einen Wärme, zum anderen kann dieses Material für Pflanzen als lang anhaltende Nährstoffquelle dienen.

Kräuter

Sowohl mehrjährige, ausdauernde als auch ein- und zweijährige Pflanzen, die frisch oder getrocknet als Würz- oder Heilmittel dienen.

Mulch

Deckschicht auf Beeten oder freien Erdflächen, die die Bodenfeuchtigkeit zurückhält, Unkrautwuchs unterdrückt und die Bodenstuktur verbessert. Als Mulchmaterial kommen z. B. Grasschnitt, Stroh- oder Laubhäcksel, halb verrotteter Kompost oder zerkleinerte Rinde infrage.

Muttererde

Der oft humusreiche Oberboden, der häufig im Rahmen von Baumaßnahmen als überschüssiger Bodenaushub anfällt und zur Anlage von Beeten oder Gartenflächen genutzt werden kann.

Nährstoffe

Anorganische und organische Verbindungen, denen die Pflanzen die Elemente entnehmen können, die für ihr Wachstum erforderlich sind. Nährstoffe sind – abhängig von der Bodenart – im Boden ausreichend vorhanden oder werden durch Düngung zugeführt.

Naturstein

Die natürlichen Gesteine, wie man sie in der Natur vorfindet. Werden gern als Bau- und Gestaltungsmaterial in Haus und Garten verwendet.

Nitrat

Stickstoffverbindung, die in dieser Form von den Pflanzen gut aufgenommen werden kann. Reichert sich bei Überdüngung in Pflanzen und Böden an und wirkt in großen Mengen in der menschlichen Ernährung gesundheitsschädigend.

Organisches Material

Abgestorbene Tiere und Pflanzen bzw. Teile davon.

Pflanzenfamilie

Grundeinheit der Pflanzensystematik. Aufgrund typischer gemeinsamer Merkmale werden die Pflanzenarten verschiedenen Pflanzenfamilien zugeordnet. Häufig sind diese Verwandtschaftsverhältnisse am charakteristischen Aufbau der Blüten zu erkennen.

Rindenmulch

Zerkleinerte Baumrinde, die als Mulchmaterial im Garten oder zur Abdeckung von Wegen genutzt wird.

Sommerblumen

Ein- oder zweijährige bzw. in unseren Breiten nicht winterharte Pflanzen, die meist nur während einer Vegetationsperiode zur Bepflanzung von Balkonkästen und Beeten verwendet werden.

Spalier

Gitterartiges Gerüst aus Holz, Metall oder Draht, an dem die Triebe von Spalierbäumen oder Weinreben befestigt werden. Kann an einer (Haus-)Wand angebracht oder frei stehend sein.

Spanndraht

Stabiler Draht, der sich zwischen Pfosten oder Metallklammern fest spannen lässt, zur Stabilisierung oder um Triebe von Rankpflanzen oder Himbeeren daran zu befestigen.

Stauden

Mehrjährige, ausdauernde, krautige Pflanzen (in Abgrenzung zu Gehölzen), deren oberirdische Pflanzenteile zum Ende der Vegetationsperiode absterben und die aus unterirdischen oder sich knapp über dem Boden befindlichen Überwinterungsorganen im Folgejahr wieder austreiben.

Stegdoppelplatten

Zwei- oder mehrlagige, durchsichtige Kunststoffplatten mit integrierten Luftkanälen, die im Gewächshausbau häufig anstelle von Glas verwendet werden, da sie leichter zu montieren und weniger bruchgefährdet sind.

Stickstoff

Chemisches Element, v. a. im Boden, und Bestandteil von Proteinen und vielen anderen Naturstoffen; wichtiger Baustein der Pflanzenernährung und essenziell für nahezu alle Lebewesen.

Verrottung

Vermodern, Verfaulen oder Zersetzen von organischem Material. In erster Linie entstehen dabei Humus, Kohlenstoffdioxid (CO_2) und Wasser.

Zwiebelpflanzen

Pflanzen, die mithilfe einer unterirdischen Zwiebel – eines Speicher- und Überdauerungsorgans – Kälte- und Trockenperioden überstehen.

Die **halbfett** gesetzten Seitenzahlen verweisen auf Abbildungen.

Literatur

› Hudak, R.: Küchengarten für Selbstversorger. Gräfe und Unzer Verlag, München

› Hudak, R./Harazim, H.: Gartenschätze – Küchengarten für Selbstversorger. Gräfe und Unzer Verlag, München

› Kleinod, B.: Das Hochbeet: Vielfältige Gestaltungsideen für Gemüse-, Kräuter- und Blumengärten. Pala-Verlag, Darmstadt

› Linhart, R.: Hochbeete – einfach, preiswert, ertragreich: Unkonventionelle Wege zum Gartenglück. Books on Demand

› Meys. S.: Das Hochbeet: Für Gemüse, Kräuter, Blumen. Stocker-Verlag, Graz

Wichtige **Hinweise**

› Wenn Sie sich bei der Arbeit mit Pflanzen und Erde verletzen, sollten Sie umgehend einen Arzt aufsuchen. Eventuell ist eine Impfung gegen Tetanus erforderlich.

› Bewahren Sie Pflanzenschutzmittel und Dünger (auch Bio-Produkte) für Kinder und Haustiere unerreichbar auf. Halten Sie bei der Anwendung Kinder fern.

› Nach dem Kontakt mit giftigen Pflanzen sollte man sich die Hände waschen. Halten Sie giftige Pflanzen von Kindern fern.

› Wrbka-Fuchsig, I./Biermaier, M.: Hochbeete: Naturnah gestalten. Cadmos Verlag, Schwarzenbek

Im Internet

www.hochbeetfreunde.de
www.hochbeet.net

Bezugsquellen

› Gartenshop Gartenallerlei Jürries und Jang GmbH Sachsenallee 9 01723 Wilsdruff OT Kesselsdorf info@gartenallerlei.de www.gartenallerlei.de Hochbeete aus Kunststoff, Bausätze

› Gärtner Pötschke GmbH Beuthener Straße 4 41564 Kaarst info@poetschke.de www.poetschke.de Holzhochbeete, Tischhochbeete, verschiedene Aufbauteile

› Gartenfrosch GmbH Bierweg 1a 86492 Egling a. d. Paar post@gartenfrosch.com www.gartenfrosch.com Hochwertige Hochbeete aus Holz, Hochbeete mit Gewächshausaufsätzen

› Buttazoni GmbH Oberboden 6 A-9562 Himmelberg office@hochbeet.com www.hochbeet.com Hochbeete aus Metall, verschiedene Aufbauteile

› Bauer Holz Markus Bauer Winterleiten 22 A-9463 Reichenfels office@bauer-holz.at www.hochbeetbausatz.com Bausätze für Holzhochbeete

Bildnachweis

Bildagentur Beck: 7, 13-1, 13-2, 13-3, 13-4, 64; **Botanikfoto:** U2-1, 21-2; **dpa Picture-Alliance:** 23-1; **FloraPress:** 1, 21-5, 33-1, 33-2, 34, 37, 38, 49, 51, 52; **GAP:** U2-2, 4, 8, 9, 11-1, 11-3, 12, 17-1, 17-2, 19-1, 21-1, 24-2, 25, 28, 32,36, 41-3, 43, 47-1, 53, 55, 57; **Garden Collection:** 16, 21-4; **Garden World Images:** 19-3, 24-1, 26, 41-1, 46, 47-2; **Gartenfrosch:** 35; **GBA/Nichols/Friedrich Strauss:** 42; **Getty Images:** 22, 23-2, 31; **Imago Sportfotografie:** 39; **Mauritius:** 19-2; **MMGI/Bennet Smith:** U3-1 Design Nick Williams-Ellis; 44 Design Selina Botham; **MMGI/Marianne Majerus:** U3-2 Design Bowles und Wye, 2 Design Claire Mee Designs, 3-1 Design Heather Culpan und Nicola Reed, 3-2 Bunny Guinness, 21-3, 41-2 Design Patsy Seddon, 50 Design Heather Culpan und Nicola Reed, 53-2 Design Del Buono Gazerwitz Landscape Architecture, 54 Design Aileen Scoular, 57-3 Design Paul Cooper; **Okapia:** 6; **Schneider-Will:** U5; 11-2

Cover: Garden World Images/ N. Appleby, Garden Designer Helen Williams
U4: GAP/Getty Images/Getty Images

Illustrationen: Heidi Janicek

Gartenlust pur.

Feng Shui
für jeden Garten

ISBN 978-3-8338-0785-5

Gemüse
biologisch anbauen

ISBN 978-3-8338-2885-0

Kräuter
für jeden Garten

ISBN 978-3-8338-0875-3

Erhältlich im
App Store

Leckeres
vom Balkon

ISBN 978-3-8338-1722-9

e Auch als eBook erhältlich.

Pflanzen-
Schnitt

ISBN 978-3-8338-2213-1

Mehr von GU auf **www.gu.de** und
f **facebook.com/gu.verlag**

GU

Willkommen im Leben.

DIE GU-QUALITÄTS-GARANTIE

Liebe Leserin, lieber Leser,
wir möchten Ihnen mit den Informationen und Anregungen in diesem Buch das Leben erleichtern und Sie inspirieren, Neues auszuprobieren. Alle Informationen werden von unseren Autoren gewissenhaft erstellt und von unseren Redakteuren sorgfältig ausgewählt und mehrfach geprüft. Deshalb bieten wir Ihnen eine 100 %ige Qualitätsgarantie. Sollten wir mit diesem Buch Ihre Erwartungen nicht erfüllen, lassen Sie es uns bitte wissen. Sie erhalten von uns kostenlos einen Ratgeber zum gleichen oder ähnlichen Thema. Wir freuen uns auf Ihre Rückmeldung, auf Lob, Kritik und Anregungen, damit wir für Sie immer besser werden können.

GRÄFE UND UNZER Verlag
Leserservice
Postfach 86 03 13
81630 München
E-Mail:
leserservice@graefe-und-unzer.de

Telefon: 0800 – 723 73 33*
Telefax: 0800 – 501 20 54*
Mo–Do: 8.00–18.00 Uhr
Fr: 8.00–16.00 Uhr
(gebührenfrei in Deutschland)*

Ihr GRÄFE UND UNZER Verlag
Der erste Ratgeberverlag – seit 1722.

Projektleitung: Heidrun Patzak
Lektorat: Barbara Kiesewetter
Bildredaktion: Daniela Laußer, Petra Ender (Cover)
Layout, Typografie und Umschlaggestaltung: independent Medien-Design, Horst Moser, München
Satz: Liebl Satz+Grafik, Emmering
Herstellung: Anna Bäumner
Reproduktion: Longo AG, Bozen
Druck und Bindung: Firmengruppe APPL, aprinta druck, Wemding
Syndication:
www.jalag-syndication.de

ISBN 978-3-8338-2886-7

3. Auflage 2013

Die Autoren

Renate Hudak, Diplom-Ingenieurin für Gartenbau, ist am Botanischen Garten Augsburg für Öffentlichkeitsarbeit und Gartenfachberatung zuständig. Seit vielen Jahren arbeitet sie als freie Gartenautorin und Referentin für Gartenseminare. Mit ihrem Mann, Harald Harazim, bietet sie ein natur- und umweltpädagogisches Programm an.

Harald Harazim absolvierte am Institut für Hydromechanik der TU Braunschweig eine Ausbildung zum Maschinenbauer und arbeitete am Institut für Thermodynamik. Anschließend studierte er Europarecht und war Referent im Bereich transnationaler Teambildung. Inzwischen arbeitet er als Wald- und Naturlehrer und als freier Autor.

Umwelthinweis

Dieses Buch ist auf PEFC-zertifiziertem Papier aus nachhaltiger Waldwirtschaft gedruckt.

Ein Unternehmen der
GANSKE VERLAGSGRUPPE

 www.facebook.com/gu.verlag